中小银行卓越管理丛书

大普惠

地方性银行服务乡村振兴的兴化模式

段治龙 著

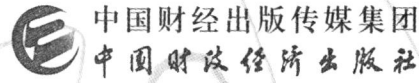

中国财经出版传媒集团
中国财政经济出版社

图书在版编目（CIP）数据

大普惠：地方性银行服务乡村振兴的兴化模式／段治龙著．－－北京：中国财政经济出版社，2023.3

（中国农金30人论坛·中小银行卓越管理丛书）
ISBN 978－7－5223－2005－2

Ⅰ．①大… Ⅱ．①段… Ⅲ．①银行－商业服务－作用－农村－社会主义建设－研究－中国 Ⅳ．①F320.3

中国国家版本馆CIP数据核字（2023）第032220号

责任编辑：翁晓红　　　　　　责任校对：胡永立
封面设计：王　颖　　　　　　责任印制：党　辉

大普惠——地方性银行服务乡村振兴的兴化模式
DAPUHUI——DIFANGXING YINHANG FUWU XIANGCUN ZHENXING DE XINGHUA MOSHI

中国财政经济出版社 出版

URL：http：//www.cfeph.cn
E－mail：cfeph@cfeph.cn

（版权所有　翻印必究）

社址：北京市海淀区阜成路甲28号　邮政编码：100142
营销中心电话：010－88191522
天猫网店：中国财政经济出版社旗舰店
网址：https：//zgczjjcbs.tmall.com
北京时捷印刷有限公司印刷　各地新华书店经销
成品尺寸：169mm×239mm　16开　13.25印张　171 000字
2023年3月第1版　2023年3月北京第1次印刷
定价：59.00元
ISBN 978－7－5223－2005－2
（图书出现印装问题，本社负责调换，电话：010－88190548）
本社质量投诉电话：010－88190744
打击盗版举报热线：010－88191661　　QQ：2242791300

《中国农金30人论坛·中小银行卓越管理丛书》

编委会

主　任	朱进元	吴万善				
副主任	付东升	于建忠	徐　翀	王　亚	郭大勇	李世江
	王立生	刘长旭	徐　力	王小龙	黄　然	李卫民
	王东升	王继东	周贵恒	李亚华	张世平	张　帆
	罗　军	王年生	谢文辉	艾毓斌	马林波	倪　立
	毛亚社	王文永	王兴源	魏根东	郑育峰	石义斌
	刘翔玲					

序 一

《中国农金30人论坛·中小银行卓越管理系列丛书》选取兴化农商银行服务乡村振兴的成功经验，出版《大普惠——地方性银行服务乡村振兴的兴化模式》，邀我做序，我非常欣慰。方寸之间，谈一些感受。

农信社从成立之初，走的就是服务"三农"的道路，乡村振兴战略的实施让这条道路变得更加宽广。近年来，江苏省联社按照国家有关政策和江苏省委、省人民政府关于乡村振兴的决策部署，始终把服务乡村振兴摆在优先位置，引导更多的金融活水源源不断流向"三农"领域。至2022年末，全系统涉农及小微企业贷款余额2.13万亿元，占比近85%。之所以能够取得这样的成绩，原因是多方面的，其中有三条经验是最为值得总结和传承的。

第一条经验就是坚持和加强党的全面领导不动摇。坚持党的领导、加强党的建设，是农信事业发展的"根"和"魂"，是任何一个发展时期都不能丢的传家本领。特别是在推动金融服务乡村振兴工作的过程中，农信系统承担任务多、涉及领域多、参与主体多，更要旗帜鲜明讲政治，毫不动摇地坚持党管金融，这样才能更好地完成这道必答题，抓住发展机遇期。长期以来，江苏省联社持续完善党的领导机制，把党的领导融入公司治理各个环节，确保党发挥总揽全局、协调各方的领导核心作用；同时，坚持"围绕中心抓党建、抓好党建促发展"，将党建结对共建固化成全省农商行的标准模板，实现了与地方党委、政府的感情融在一起、责任融在一起、工作融在一起的工作局面。

第二条经验就是坚定普惠金融的定位不动摇。农信社为农而生、因农而兴。无论省联社和农信社如何改革，农信系统服务"三农"小微、服务实体经济的初心使命永远不能变。一直以来，江苏省联社始终把支农支小作为农商行高质量发展的总抓手、有效防控风险的定盘星，从战略的高度加以强调和坚守。特别是党的十八大以来，江苏省联社依托3270个营业网点、1.2万个金融便民服务点，以及便捷安全的移动金融，延续阳光信贷传统，推进整村授信，推动"万企联万村 共走振兴路"行动、富民强村帮促行动，让普惠金融在江苏大地上结出了累累硕果。

第三条经验就是坚守"小法人+大平台"的优势不动摇。省级联社是上一轮农信社改革的主要成果之一，其价值不在于形式，而在于管理与服务之间的有机融合。江苏省联社坚持寓管理于服务之中，用服务体现管理的价值。以零售转型的方式，从更深处防控全系统风险；以"下沉下沉再下沉"的方式，切实提升服务乡村振兴质效；以强化科技建设等方式，解决小法人"想做做不了、能做做不好、做了不经济"的痛点难点问题；以顶层战略合作的方式，为全省农商行协调资源和充分赋能。通过上下协同、一起发力，保证了各项工作的提质增效。

在这个过程中，全省各家农商行根据地方实际，探索出许多实用且有效的方式方法，形成了百花齐放、百家争鸣的工作氛围。兴化农商银行就是其中的典型代表之一，其做得好，就在于把这三条经验做得实。

通过阅读本书，兴化农商银行服务乡村振兴确实有许多可圈可点的地方。第一，站位高。兴化农商银行能够主动将自身摆到乡村振兴的大局当中，跳出银行干银行，体现了非常高的政治站位和政治自觉。第二，定位准。因为站位高，所以在服务乡村振兴中的定位也找得比较准。从传统的普惠金融提升到大普惠模式，这一点尤其值得肯定。第三，举措实。兴化农商银行在服务乡村振兴中,没有从本本主义出发,也不拘泥于自身的视野,而是对标先进找榜样,聚焦问题想办法,很好地传承和弘扬了农信传统文化。第四,作风硬。兴化盛产螃蟹。兴化农商银行在服务乡村振兴的过程中,也敢于做"第一个吃螃蟹的人",在村级集体经济组织发展等难点上面"啃硬骨头",体现出了敢为人先、敢打硬仗的良好作风。第五,模式优。金融服务乡村振兴还在不断摸索当中。难能可贵的是,兴化农商银行率先探索出了相对成熟的大普惠模式,并且见到了显著的效果。

此外,这本书的作者也是用了心、下了功夫的。全书的思辨性极高,逻辑清晰,可读性也很强。

基于以上原因,我愿意为大家推荐这本书。乡村振兴是一个长期系统性工程,江苏省联社和兴化农商银行在这方面做出了一些探索,希望可以抛砖引玉,看到更多金融服务乡村振兴的好经验、好做法,共同推动乡村振兴的美好蓝图早日变为现实!

是为序。

江苏省农村信用社联合社党委书记、理事长

2023 年 3 月

序　二

在第四届（2022）钱塘江论坛上，我作了主题为《以更大的格局 更强的使命感 助推普惠金融转型升级》的发言，提出了关于普惠金融的新方向、新理念的思考。令人欣喜的是，很快就发现了这种新普惠金融的实践样板和实证案例，也就是今天要给大家推荐的这本书——《大普惠——地方性银行服务乡村振兴的兴化模式》。

这本书不仅是"中国农金30人论坛"推出的《中国农金30人论坛·中小银行卓越管理丛书》的最新成果，而且填补了国内关于地方性银行服务乡村振兴研究方面的空白，可以说是开创了我国在这个领域的先河。

近年来，国家大力推动乡村振兴战略，中国银保监会积极推动金融服务乡村振兴。在这种背景下，各家金融机构积极参与，探索出许多好的做法，取得了许多实实在在的成果。在农村金融领域，农信社和农商银行从过去的"金融支农主力军"积极地转向"乡村振兴主办行"。本书案例选取的江苏兴化农商银行就是其中的典型代表。

江苏兴化农商银行服务乡村振兴的"大普惠"模式，是大视野、大格局、大功能、大联合、大能力、大作为的六位一体普惠金融新模式。"大视野"厘清了金融手段与普惠目的的关系；"大格局"提出了"乡村振兴是最大的普惠"理念，厘清了"大政策"与"小银行"之间的关系；"大功能"理顺了先普惠与后金融的关系；"大联合"解决了外部资源多与银行自身资源少的问题；"大能力"彰显了"人的温度+科技的速度"的

"双度效应",解决了快与慢的问题;"大作为"实现了利他与利己之间的均衡。可以说,这个模式是一个新模式,也是一个实用的模式,而这种模式的背后,彰显出江苏兴化农商银行正确的战略价值观和过硬的工作作风。

通过"兴化模式",可以看出江苏省联社从"大平台"向"大舞台"的服务转型成果,也能看出泰州、兴化两级市委、市政府的开放包容。乡村振兴是一个长期的复杂的系统性工程,唯有多方合力,才能加快步伐,取得更丰硕的成果。"兴化模式"为此做出了精彩的实践。

这本书的作者段治龙同志是农金战线的资深专家,其研究深入,观点独特,文风朴实,通过兴化农商银行服务乡村振兴的实践,提炼出了地方性银行未来生存的"三力模型"、未来发展的新逻辑,并回答了乡村振兴的"金融三问",都颇具价值,很有启发意义。

基于此,我愿意向大家推荐这本书,也希望看到更多的成功案例,为乡村振兴贡献一分力量。

《中国农村金融》杂志社有限责任公司党委书记、社长

中国银保传媒股份有限公司党委书记、董事长

"中国农金30人论坛"主席

2023年3月

目　录

引言　大普惠　让生活更美好　1

第1章　稻花香里说丰年　14
　　第1节　摆上银保监会案头的"兴化探索"　15
　　第2节　不一样的5年　21
　　第3节　"锅底洼"的梦想与传承　30

第2章　"认识你自己"　36
　　第1节　"我是谁"：一家有使命的银行　36
　　第2节　"依靠谁"：一家有担当的银行　44
　　第3节　"为了谁"：一家有温度的银行　52

第3章　"党建+"的伟力　60
　　第1节　乡村振兴是最大的普惠　60
　　第2节　从做法到模式　68
　　第3节　从"融资"到"融智"与"融制"　76

第4章　"铁脚板+大数据"的网格深耕　89
　　第1节　不一样的区域不一样的打法　90

  第 2 节　"见人知底、见图识情"　　98

  第 3 节　渠道场景化　场景互动化　　105

第 5 章　小银行的数字化转型之路　　116

  第 1 节　新的"生产资料"　　117

  第 2 节　新的"生产力"　　122

  第 3 节　新的"生产关系"　　129

第 6 章　管理的进化　　135

  第 1 节　协同 > 分工　　135

  第 2 节　好的过程 = 好的结果　　142

  第 3 节　打造释放型组织　　150

第 7 章　激活第一资源　　157

  第 1 节　"筑巢引凤"　　157

  第 2 节　"孵化培育"　　162

  第 3 节　"用人所宜"　　168

  第 4 节　"优礼有加"　　175

第 8 章　垛上花开正当时　　180

  第 1 节　大普惠的"三力"模型　　180

  第 2 节　未来发展新逻辑　　187

  第 3 节　乡村振兴的"金融三问"　　194

致谢　　200

引言

大普惠 让生活更美好

（一）

2017年，党的十九大报告首次提出实施乡村振兴战略，乡村振兴第一次上升到党和国家的战略高度。5年来，"乡村振兴取得阶段性成果，农业农村发展迈上新的台阶"。[①] 2022年，党的二十大报告指出，"全面建设社会主义现代化国家，最艰巨最繁重的任务仍然在农村"。从党的十九大提出的"农业农村现代化"，到党的二十大提出的"农业强国"，乡村振兴既是新时代高质量发展的"压舱石"，也被赋予了中国式现代化"补短板"的新使命。

2018年中央一号文件指出，"实施乡村振兴战略，必须解决钱从哪里来的问题。要加快形成财政优先保障、金融重点倾斜、社会积极参与的多元格局"。原国务院发展研究中心主任李伟提出，"实现乡村振兴，关键是抓住人、地、钱三个字"。"钱"主要是财税手段和金融手段，而金融手段中，银行又是"主力军"。

金融服务乡村振兴的银行体系，主要包括政策性银行、国有大型商业性银行、全国性股份制银行和中小银行。如果将前三者称为"国家队"，那么，中小银行可以称为"地方队"。这些中小银行主要是城市商业银行

[①] 乡村振兴战略规划实施协调推进机制办公室发布：《乡村振兴战略规划实施报告（2018—2022年）》，2022年9月。

和农村商业银行、农村信用社,其业务范围受地域限制,属地化经营特征明显,本书统称为地方性银行。

《乡村振兴促进法》中专门明确:"商业银行应当结合自身职能定位和业务优势,创新金融产品和服务模式,扩大基础金融服务覆盖面,增加对农民和农业经营主体的信贷规模,为乡村振兴提供金融服务。""农村商业银行、农村合作银行、农村信用社等农村中小金融机构应当主要为本地农业农村农民服务,当年新增可贷资金主要用于当地农业农村发展。"可以看出,对于乡村振兴的银行金融服务,其他商业银行的主要任务是"扩大基础金融覆盖面"和"增加对农民和农业经营主体的信贷规模",而农商银行的主要要求是"当年新增可贷资金主要用于当地农业农村发展"。换句话说,前者侧重于增量的"锦上添花",后者侧重于全量的"主责主业"。由此,决定了不同类型银行在服务乡村振兴中的不同定位和不同做法。

(二)

乡村振兴是一项集公共性和市场性于一身的系统性工程。这就需要协同"有为政府"和"有效市场"之间的关系,形成推动乡村振兴的共同合力。在解决"钱从哪里来"的问题上,更需要将财政等公共手段与金融的市场手段整合起来,避免各自的局限性,实现两者的有机结合。这方面全国有不少成功的做法,但更多的是困惑。受地方经济发展水平等因素影响,金融服务乡村振兴,既有政府主导方面的原因,也有金融支撑方面的障碍。主要的问题在于政府缺少深度融入地方治理的金融抓手,更多的是可以合作但难以融入的银行机构。而大部分银行机构又属于垂直管理体系,管理、产品等模式往往是"一把尺子",很少有"自由度",很难"量体裁衣"。由此,政府在整合金融资源的时候常常是有心无力。

基于此，本书选取江苏省兴化市的地方性银行服务乡村振兴的案例，为解决"有为政府"和"有效市场"这两个方面的问题，提供一份可以借鉴、可供参考、可能复制的"兴化方案"。

兴化是江苏省县级市，由泰州市代管，地处长江三角洲北翼、江淮之间，恰好位于江苏中部、里下河地区腹部，其境内的沙沟镇是江苏省的地理坐标中心。全市总面积2393.35平方千米，其中，水域面积占总面积的18.54%。兴化全市总人口152.75万，常住人口112.82万。兴化大米、红皮小麦、脱水蔬菜、龙香芋等特产闻名全国。特别是大闸蟹，历史上曾经为进京贡品，现在，全国每八只大闸蟹里面，就有一只出自兴化。2008年，兴化荣获中国河蟹养殖第一县（市）称号。2016年，兴化河蟹价格指数作为全国首个河蟹价格指数正式上线，成为全国河蟹价格形成中心。2021年末，全市生产总值过千亿元，达到1020.94亿元，第一、第二、第三产业GDP占比分别为13.9%、38.9%、47.2%。按常住人口计算，人均地区生产总值90517元。兴化还被列为全国农业科技现代化先行县共建名单，获批全国金融支农创新试点县。这里没有苏南地区经济发达，但整体好于苏北地区。总的来看，具有一定的地域代表性。

这样的发展成果，与兴化市历来重视营商环境是分不开的，特别是为各类银行发挥金融作用搭建了良好平台。尤其值得点赞的是，在银行市场竞争规则平等的基础上，兴化市的决策者能够看到地方性银行"最讲政治"、参与地方治理、纳税多且在当地、自由裁量权大、长期普惠等独特的价值，特别是在乡村振兴中金融作用发挥方面的价值，并采取恰当的方式予以支持。

兴化市和全国许多市县一样，地方性银行数量比较少。其中，兴化农商银行是全国少有的经历了农信社、农合行、农商行三类体制的全类型改制模式的银行。其历史源头是1952年试点的信用合作小组。到1957年，已经是乡乡都有信用社，78.5%的农户入社参股。1980年3月，各个信用社划归农行领导。1984年7月25日，组建"兴化县信用合作社联合社"。1995年12月21日，正式与兴化市农行脱钩。2000年7月起，全国农村信用社改革在江苏省启动第一轮试点，兴化市农村信用合作联社被列为全国三家试点单位之一。2006年5月11日，改制成为农村合作银行并正式开业。2011年11月11日，进一步改制成为兴化农商银行。

近年来，兴化农商银行以"兴化人民自己的银行""与中小微企业同成长的银行""有使命、有担当、有温度的银行"为使命愿景，坚持支农支小定位，大力推进普惠金融，特别是全力服务乡村振兴，取得显著成效。在中国人民银行泰州市中心支行、中国银保监会泰州监管分局联合开展的2021年度泰州市银行业金融服务机构服务乡村振兴考核评估当中，兴化农商银行被评估为等次最高的"优秀"。

在高质量服务乡村振兴的同时，兴化农商银行自身也实现了高质量的发展。在金融机构不断进驻的情况下，兴化农商银行存贷款市场份额始终保持在40%左右，稳居全市第一位，资产、存款、贷款等规模性指标位居扬泰地区各县域金融机构之首，年均增幅15%上下，成本收入比控制在30%上下目前，不良贷款率控制在1.5%以下，拨备覆盖率保持在400%以上，监管评级为"2C"，人行评级为三级。还收获了"全国支农先进单位""中国新型金融十佳支持乡村振兴银行""中国地方金融十佳支持小微企业银行""普惠金融服务十佳县域银行"等荣誉称号，被兴化市委、市政府评为"乡村振兴主办银行""突出贡献企业""综合考核服务地方发展标兵单位"。

兴化的实践证明，地方政府将地方金融治理的主抓手——地方性银行，作为乡村振兴的主要金融支撑是可行有效的新路子；地方性银行通过服务乡村振兴可以实现自身可持续发展，是切实解决低利率时代生存和发展的新路子。其核心在于地方政府和地方性银行要有共兴意识,要用"鼓掌"理论,"一个巴掌拍不响",合力掌声才能奏响乡村振兴的最强音。其价值在于两点:其一,为地方政府推动乡村振兴提供了一份金融解决方案;其二,为地方性银行可持续发展提供了一套理论体系和实践样板。

(三)

地方性银行服务乡村振兴的"兴化模式",核心是在做好农户、个体工商户和小微企业等普惠金融的基础上,大力支持集体经济组织发展,更多地涉入和承接非金融功能,从传统的普惠金融升级为大普惠模式。普惠金融本来就不易,支持集体经济组织发展更是业界一个待解的难题,兴化农商银行在这两个方面都有精彩的实践。

普惠金融是近年来的一个热门话题。这一概念最早是由联合国在2005年提出的,其主旨是让人人可享受金融服务,且金融服务供给者可以实现持续发展。我国对这一概念的实践,远远早于这一概念的提出时间,最突出的体现,是新中国成立后在全国各地建立的农村信用社。对这一概念的政策确立,是在党的十八届三中全会上。对这一概念的规范化推进,则源于2015年国务院印发的《推进普惠金融发展规划(2016—2020年)》。由此,我国普惠金融进入了快速化、下沉化、数字化的新时代。

在各路"普惠大军"当中,全国农信体系是当之无愧的主力军。在全国农信体系中,江苏省农信体系又是其中的佼佼者,突出的标志是其最早开展的阳光信贷,为我国的普惠金融实践和探索做出了突出的贡献。在江苏省农信大家庭中,兴化农商银行又探索出了小银行的大普惠模式,在全面做好普惠金融、有效解决自身可持续发展的同时,更加有力地担负起了乡村振兴、共同富裕等新的使命。

大普惠模式的关键在于"大"。相比于传统的普惠金融,兴化农商银行的大普惠模式，可以概括为大视野、大格局、大功能、大联合、大能力、大作为的六位一体普惠金融新模式。这一新模式以目的与手段的重新调整为战略基点，通过定位、功能、资源、能力的"飞轮效应"，实现了从第一增长曲线到第二增长曲线的顺畅衔接，由此开启乡村振兴和自身发展的成效提升新境界（见图1）。

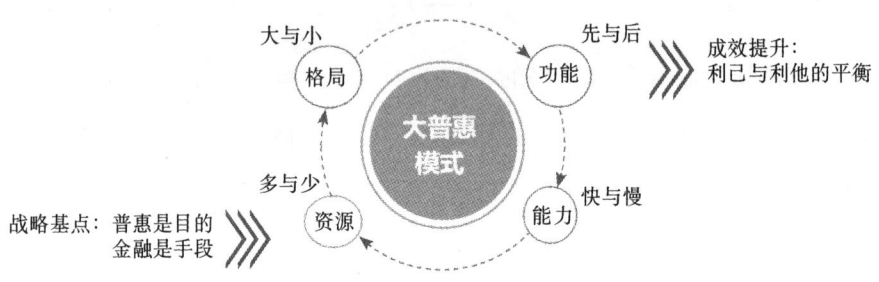

图1　大普惠金融模式

◆大视野。这是对普惠金融的新认知，厘清手段与目的的关系。在最早的普惠金融概念里面，是将信贷权作为人权的一种，人人应当享有信贷权。在诺贝尔和平奖得主穆罕默德·尤努斯看来，如同食物一样，贷款也是一种人权，也是一种人的基本生存权利。兴化农商银行认为，信贷是手段，美好生活才是目的。因此，需要以道驭术，围绕目标确定手段，只要是能够实现"人民对美好生活的向往"，手段不应该仅仅局限在信贷上，也不仅仅局限在金融方面，而应该利用金融的杠杆撬动作用和联动效应，从尽可能多的方面体现普惠价值。

◆大格局。这是对普惠金融的新定位，解决大与小的关系。在兴化农商银行看来，传统的普惠金融是"小普惠"，乡村振兴才是最大的普惠。只有"拔高维度看普惠"，将自身的定位和发展融入地方经济与社会发展大局当中，才能更好地发挥金融的价值，也才可能实现真正意义上的普惠。为此，兴化农商银行靠前参与乡村振兴中的探索性攻坚任务，通过牵头主导乡村振兴金融党委,创造性地设立和运作多村合建的美丽乡村建设公司,推动村级集体经济组织壮大发展,在金融普惠的基础上,衍生出产业普惠、项目普惠、增收普惠等更高维度的普惠新内涵。

◆大功能。这是对普惠金融的功能再优化,理顺先与后的关系。这种优化是从过去的就金融说金融、先金融后普惠,转变为跳出金融说金融、先普惠后金融。对内,兴化农商银行全面升级零售业务,以"一体两翼"(以零售业务为体,以公司业务、金融市场业务为两翼)战略为主线,综合推进网格深耕、数字银行建设、快贷团队培育等本土化和应变性的策略,努力构建"五全大零售"(全渠道、全产品、全场景、全智能、全社会);对外,"跳出银行看银行""跳出银行干银行",不断增加非金融功能,通过深度参与地方政务、民生等领域事务,让普惠金融的作用持续放大。

◆大联合。这是对普惠金融的资源再整合,解决多与少的问题。有多大的资源,才能支撑多大的事业。实现大普惠的目标,更好地服务乡村振兴,所需的资源是广泛的,仅仅依靠一家银行的力量是远远不够的。资源最密集的地方在地方政府,只有充分借力政府的资源,将"有效金融"融入"有为政府",才能在大普惠的道路上走得更稳健、更有效率。兴化农商银行充分发挥地方性银行的属地经营比较优势,通过党建共建等方式,"整合一切可以整合的资源""动员一切可以动员的力量""采取一切可以采取的行动",以金融服务为支点,以共同愿景为驱动,推动乡村振兴的全社会合力不断增强。

◆大能力。这是对普惠金融的支撑再强化,解决快与慢的问题。数字化时代,农村普惠金融的数字化水平是相对比较低的,而需求却是高的。一方面是乡村振兴和农村客户的需要,另一方面也是金融供给方效率效能的需要。兴化农商银行按照数字中国等政策导向,以数字银行建设为切入口,不断提升数字化的支撑和引导两种能力,全力推动数字普惠在当地的推广使用,并采取"线下+线上"的方式,体现"人的温度+科技速度"的"双度效应",在充分满足当地客群优质体验的同时,不断推动乡村振兴的数字化进程。

◆大作为。这是对普惠金融的成效再提升,实现利己与利他的再平衡。兴化农商银行认为,新的时代背景下,必须改变过去以自我为中心的发展模式,要更多地"利他",实现自身可持续发展。由此,兴化农商银行通过大普惠的推进,联动解决了地方党委政府、产业企业、新型农业经营主体、个体工商户、农户、居民等不同方面的痛点、堵点和痒点,不仅提供银行产品,而且提供系统解决方案,不仅做好主责主业,而且参与社会服务,以金融纽带的力量,在营商环境优化、政务服务延伸、产业企业发展、新型农业经营主体培育、居民百姓便利等方面,实现了全面植入,进而形成了根部纵深、根系织密的新型价值网,以此促进了大普惠在经济、社会各个角落的作用体现。

通过从普惠金融向大普惠的升维,兴化农商银行不仅仅是让普惠客群的金融需求得到满足,更主要的是,让老百姓的生活更加美好。

◆兴化每10个人中,就有9个人在使用由兴化农商银行代为办理、加载多项金融功能的社保卡。

◆兴化每3个家庭中,就有1个家庭享受兴化农商银行提供的信贷服务。

◆兴化千万元以下经营性普惠贷款的2/3市场份额,由兴化农商银行提供服务。

◆兴化的老百姓不仅可以足不出村办理基本金融业务、社保医保代缴业务,还可以足不出乡在银行网点办理医保报销等非金融业务,形成15分钟医疗服务圈。

◆兴化每10个正常经营的商户中，有6个是兴化农商银行的收单商户，可以与兴化农商银行共享客户资源，进而共同惠及客户。

◆兴化每一个乡镇的村级集体经济组织的产业培育和金融支持，100%由兴化农商银行来承接和推动。

◆兴化所有由农业农村局认可的村级债务，全部由兴化农商银行采取"腾笼换鸟"的方式进行置换，降低债务成本50%以上。

◆兴化主要产业的背后，全部有兴化农商银行的金融支撑，为农民增收、就地就业等提供间接支持。

"法乎其上，得乎其中，法乎其中，仅得其下"。兴化农商银行的大普惠，是从普惠"目的"出发，是"法乎其上"，而不是从金融"手段"展开，不是"法乎其中"。"大普惠，让生活更美好"，这种高维度的普惠认知，最终决定了高质量发展的成果体现。

（四）

当前，在"普惠大战"之中，农村中小银行普遍出现了增产不增效、规模不经济，甚至高风险凸显等现象。兴化农商银行的成功实践，不仅为地方性银行服务乡村振兴提供了一份"兴化方案"，也为全国同业走出困境、实现更好的发展提供了一份"兴化参考"。

这份参考主要是基于党建引领、网格建设、数字银行三大战略工程的有效实践，进而凝练出的"融合力—深耕力—应变力""三力模型"。"融合力"解决发展资源的问题，"深耕力"解决发展基础的问题，"应变力"解决发展能力的问题，资源—基础—能力，既有长板的拉长，也有短板的弥补，让地方性银行可以从传统的小银行蜕变成为具有"专精特新"特征的"小冠军""小巨人"。

"打铁先需自身硬。"地方性银行服务乡村振兴，实现大普惠目标，前提是自身要足够"硬"。只有自身硬,才能承接金融服务乡村振兴的重任,地方政府也才能放心地与其"联手"。这种"硬",表面看,是经营和管理方面的体现;深层看,是战略价值观过硬。

所谓战略价值观,就是确定战略所秉持的思维或者取向。兴化农商银行的战略确定,与其价值观有着深度的关系。这个价值观可以概括为"三有":有使命、有担当、有温度。"有使命"回答了"我是谁"的命题,"有担当"回答了"依靠谁"的命题,"有温度"回答了"为了谁"的命题。

思考清楚了这些"终极之问",兴化农商银行才确立了"党建引领、网格建设、数字银行"三大战略工程,进而有效地解决了"四大问题",即发展不平衡不充分的问题、满足人民群众日益增长的美好生活需要的问题、金融服务乡村振兴着力点的问题、未来发展动力和后劲的问题。

战略价值观是兴化农商银行大普惠模式的核心。其出发点在于,作为一家地方性银行,不仅具有商业属性,还具有社会属性,而且后者的权重更大。这一点,与我国银行体系建立的源头有关。西方的银行体系是先有商业银行,后有中央银行;我国的银行体系是先有人民银行,后又拆分出商业银行。也就是说,人民性是我国银行的初始特征、基本特征。虽然我国农信社的创立是采取合作制的方式,不是从人民银行拆分出来的,但是,始终受人民银行的业务指导,20世纪90年代还有一段时间是受人民银行直接管理的。可见,人民性是地方性银行的本质属性。

由此出发,兴化农商银行进一步认识到,金融是手段,普惠是目标,彼此之间是"术"与"道"的关系,要想实现"术"的提升,必须要有"道"的高度。在此基础上,还要看到一个比较优势,那就是人民性不是地方性银行的责任负担,而是天然的经营优势,其关键在于如何实现这种关系的有效转换。

转换的关键在于如何看待自身的价值。作为一家股份制银行，自身价值最大化、股东价值最大化本身并没有什么错误，但是如果仅仅是为了这一点，就一定是错误的、短视的。因为还需要为社会创造价值，还需要承担社会责任，还需要承载人们对企业的期望，这才是企业能够持续存在的根本原因。"以义为先，义利兼顾"，这既是我国传统商业的一个优良传统，也是当下经营企业的基本思维。

有了这样的认知，还需要在发展战略上做出合理的取舍。战略的成败关键在于次序：做什么，不做什么，先做什么，后做什么。兴化农商银行以支农支小为主责主业，聚焦乡村振兴持续发力，先做足社会服务，再行银行经营之事，很好地掌握了业务的优先级和结构均衡。由此，走出了许多银行遇到的战略战术化、经营同质化、乡村振兴口号化、红利能力化等"战略陷阱"，进而生发出切实可行、管用好使的行动策略。

在这样的战略引导下，兴化农商银行近年来实现了又好又快的发展，而更加影响深远的，是形成了服务乡村振兴的长效机制，建立了支撑乡村振兴的能力体系，培育了融入乡村振兴的共兴文化。

（五）

"垛上花开"，是每一个兴化农商银行人的心中梦想。"垛"是兴化地理的独有特征，过去水域多，耕地少，老百姓把水底下面的淤泥挖出来垒土造田，高的地方能高出水面6米多，形成今天大面积的垛田景观。为此，"兴化垛田传统农业体系"被联合国粮农组织列为"全球重要农业文明遗产"。"花"是适合垛田生长的油菜花，每年四五月份，当地会出现"河有万湾多碧水，田无一垛不黄花"的奇丽画面。置身其间，"小船徐徐行，春水缓缓流，桨声伴笑声，客在花中游"。换个角度，兴化的油菜花景象，就是一幅人在画中、花在水中的立体图画。由此，兴化垛田油菜花

大普惠 >>>>
地方性银行服务乡村振兴的兴化模式

海享有"全国最美油菜花海"称誉,与普罗旺斯薰衣草园、荷兰郁金香花海、日本京都樱花,并列为全球四大花海。

兴化垛田油菜曾于1956年获得周恩来总理签署的"垛田油菜、全国挂帅"奖状。"一朵花,百颗籽,一滴油",垛田菜油是当地老百姓每家每户的餐桌必备食用油。兴化农商银行的梦想是让普惠金融像垛田菜油一样走进每家每户。可见,"垛上花开"既蕴含了兴化人民辛勤劳作的伟大创举,也寓意出兴化农商银行大普惠模式的杰出成果。

本书以"大普惠"作为主书名,正是对"垛上花开"这一美好梦想的高度凝练。副标题是"地方性银行服务乡村振兴的兴化模式",这里面有两个关键词:"地方性银行"和"模式"。之所以强调地方性银行,而不是中小银行,原因在于地方性银行的大小是一个相对的概念,放到全国范围去比,地方性银行是小的,放到地方范围去比,又往往是大的。特别是从地方政府和老百姓角度看,价值更大一些。地方性,也区别于其他银行,其地域性极强,在服务乡村振兴中,与其他银行也应该有所区别。

而模式者,指某种事物的标准样式或让人可以仿效学习的标准样式。兴化农商银行的决策者非常谦虚地认为,服务乡村振兴,还只是一种探索和实践,还"在路上"。但在笔者看来,这种模式已然成型,其精髓就是大普惠。换句话说,地方性银行服务乡村振兴的兴化模式,就是大普惠模式。不仅已经成型,而且对于其他地方和地方性银行具有重要的参考价值和借鉴意义。

本书围绕"大普惠"这条主线,辅以地方政府的作为和地方性银行发展两条辅线,按照始于普惠定位、成于战略工程、优于管理赋能、强于人力资源、终于未来畅想五大板块来总体布局,将全书总共分为八章。

第1章"稻花香里说丰年",从发展现状、5年变化和地方文化等角度,体现大普惠的成果与归因。第2章"认识你自己",通过回答"我是谁""依靠谁""为了谁"三个根本命题，阐释大普惠模式的立意与破局之法。第3章"'党建+'的伟力"，介绍党建引领战略工程，了解兴化农商银行如何通过党建共建等方式，融入和撬动地方资源。第4章"'铁脚板+大数据'的网格深耕"，介绍网格建设战略工程，看其如何结合地方性属性和数字化手段建立"护城河"、钉牢"铁篱笆"。第5章"小银行的数字化转型之路"，介绍数字银行战略工程，寻找小银行的数字化转型可行之策。第6章"管理的进化"，介绍兴化农商银行的管理赋能特色做法，探究其业绩发展背后的管理创新之法。第7章"激活第一资源"，介绍"家文化"下的人力资源激活经验，并如何以此支撑大普惠的精彩实践。第8章"垛上花开正当时"，重点基于兴化农商银行的精彩实践，提炼地方性银行的生存、发展理论和逻辑，并回答"乡村振兴需要什么样的金融""地方政府需要什么样的金融作为""地方性银行应该怎样服务乡村振兴"三大命题。

本书是对地方政府和地方性银行共同发力大普惠、实现乡村振兴的一种微观实证考察。因此，适合各级地方政府的乡村振兴决策者、组织者、实施者阅读，适合各类地方性银行特别是农商银行的决策者、管理者和执行者阅读，也适合关心关注普惠金融、乡村振兴、农村金融的研究人员及新闻媒体从业人员等群体阅读。

第1章 稻花香里说丰年

"稻花香里说丰年，听取蛙声一片。"这是南宋辛弃疾在《西江月·夜行黄沙道中》，用近乎白描的手法描摹的明丽清新、生机盎然的夏夜乡村图。辛弃疾不仅是著名的将领、文学家、词人，而且还非常关注农业生产和同情民间疾苦。笔者数次到访江苏省兴化市，在稻田旁、池塘边，看到人们繁忙劳作而充满希望的景象，每一次都不由得在脑海中浮现出这一千古名句。

兴化盛产稻米，起始于北宋，兴盛于明代。清道光年间，被誉为"中国睁眼看世界的第一人"——魏源，在兴化知县任上，兴修水利，筑堤保坝，农业丰收，百姓感其功德，称丰收之稻为"魏公稻"。到民国时期，"兴化全境农产品，以稻为大宗"。发展到现在，不仅兴化大米成为国家地理标志产品，而且兴化大闸蟹、兴化香葱等也成为国家地理标志产品，还孕育出了不锈钢制品、健康产品、装备制造等三大主导产业。

民富业旺，是今日兴化的典型标签。赛迪顾问①从经济实力、发展潜力、富裕程度、绿色水平四大维度构建的县域经济高质量发展评价体系显示，兴化市在2022年全国百强县排名第57位、长三角百强县排名第31位。2021年，兴化市居民人均可支配收入37862元，按常住地分，城镇居

---

① 赛迪顾问是业内率先通过国际、国家质量管理与体系标准认证的现代咨询企业，直属于中华人民共和国工业和信息化部中国电子信息产业发展研究院。

民人均可支配收入48644元，农村居民人均可支配收入25835元，且城乡居民收入比不断缩小，由上年的1.92:1缩小至1.88:1。[①]

在这些发展成绩的背后，离不开深耕本土70年的兴化农商银行的金融支持。特别是党的十八大以来，兴化农商银行以"为兴化人民谋幸福、为地方经济谋发展"为使命，践行普惠金融，服务乡村振兴，围绕"五大目标"，绘就了"五幅图"：围绕产业振兴这个基础，绘就"稻丰蟹肥、'三产'相融"的富足图；围绕人才振兴这个关键，绘就"群贤毕至、政银一体"的人才图；围绕文化振兴这个动力，绘就"萧鼓春社、古风犹存"的祥和图；围绕生态振兴这个支撑，绘就"绿树村边、湖清水泛"的山水图；围绕组织振兴这个保障，绘就"美丽和谐、保障得力"的新蓝图。在美好生活的图画里，诉说着丰年的新故事。

第1节 摆上银保监会案头的"兴化探索"

本书的开端要从一篇文章说起。这篇文章是关于兴化农商银行高质量服务乡村振兴的经验总结。在国家政策部门高度关注、地方党政全力推动和银行业广泛参与乡村振兴之时，并在急需这方面的标杆做法之际，这个经验总结恰逢其时，"一石激起千层浪"。

"磁吸效应"

2022年，江苏兴化农商银行"火"了。

"火"了的大背景，是中国银保监会一直在大力推动金融服务乡村振兴，并希望萃取更多的成熟案例。"火"了的直接原因，是江苏省银保监局

[①] 引自《兴化市2021年国民经济和社会发展统计公报》。

以及泰州的监管机构多次到兴化调研后,以红头简报《普惠金融专刊》[①]的形式印发了《普惠城乡 共兴一方 农商行高质量服务乡村振兴的"兴化探索"》,并呈报到中国银保监会,将"兴化模式"摆上了银保监会的案头。

由此,还引发了三重"冲击波"。第一重"冲击波"是引起了江苏省内其他地区监管机构的高度关注,部分地区监管机构明确要求本辖区内的农商银行全面复制"兴化模式"。第二重"冲击波"是引起了江苏省内其他银行的高度关注,多家银行通过正式或非正式场合"窥探"兴化的做法与奥秘。第三重"冲击波"是引起了非银金融机构的高度重视,希望可以一起来"做点事情"。

与此同时,兴化农商银行"出镜"的频次越来越多,层次越来越高。在2022年首届全国农商银行年会[②]上,兴化农商银行董事长曹文铭受邀出席,并发表了主题为"党建引领 银政合作 探索金融服务乡村振兴的'兴化模式'"的演讲,引起与会人员的热议。除了现场频繁交流与不断解答之外,线上观看的多家银行董事长致电主办方,希望进一步了解"兴化模式"的相关细节。在随后召开的丝绸之路农商银行发展联盟[③]"2022农金论坛暨第二届农商银行董事长圆桌会议"上,曹文铭董事长再次受邀点名分享这一主题。在中国银行业协会组织的2022年度线上交流活动中,兴化农商银行行长华飞通过线上的方式分享了《金融服务乡村振兴的"兴化探索"》,向全国同行输出经验,同样引起了广泛关注。

除了频繁的"出镜",还有火热的"来访"。据统计,仅2022年上半

---

① 《普惠金融专刊》是中国银保监会江苏监管局的行政简报,主要刊登普惠金融领域的经验做法,主送机构为中国银保监会,印发范围涵盖江苏监管局主要领导、各个部门和全省所有银行、保险等机构。

② 全国农商银行年会是由《中国农村金融》杂志社联合全国25家省级联社、农商银行发起的"中国农金30人论坛"指导的、旨在促进全国农商银行法人机构交流互鉴的平台,是全国最为权威、最有影响力的农商银行交流学习平台。

③ 丝绸之路农商银行发展联盟成立于2017年3月28日,由丝绸之路经济带沿线的数十家农商银行共同发起,依据相关法律自愿结成的联合性、行业性、非营利性的社会团体法人。

年，兴化农商银行就接待各类前来参访的机构42个，周均1.75次，其中，有国家部委、各个省市以及国土、卫健委、医保等部门，有中国人民银行、监管机构和省级联社，还有银行和保险等各类金融机构。

事实上，兴化农商银行的"火"是厚积薄发的，不是"一鸣惊人"的。近年来，兴化农商银行的"受重视程度"逐年增加，2019年来访交流26次，2020年30次，2021年32次。2020年5月，中国人民银行总行召集全国具有代表性的十家银行参与研究小微企业贷款政策座谈会，目的是完善两项政策工具的操作细节，促进政策更好地落地。兴化农商银行作为农商银行代表参会，是江苏地区唯一的一家法人银行参与研讨。

不仅兴化农商银行"火"了，兴化地方党政部门也"火"了，"兴化模式"在不同层面得到广泛关注。比如，在江苏省"富农易贷"推进会上，兴化市作为典型代表做了发言。同时，来兴化交流、"取经"的各级地方党政部门，也是络绎不绝。

频繁的"出镜"与"来访"，让兴化农商银行这样一个地方性银行产生了物理学上的"磁吸效应"。除了这些交流和学习，在大学生实习、新员工招聘、社会口碑等其他方面，这种效应也像水中的涟漪一样，逐步地扩散开来。我们不禁要问：一个地理位置并不是十分优越的县级市，一个指标并不是多么出类拔萃，过去似乎也名不见经传的农商银行，为什么会引起这么广泛的关注？

笔者认为，主要是两个方面的原因。第一个方面，大家都意识到了乡村振兴是共同使命，但同时广泛存在着相同困惑，那就是有想法没做法，有做法没深度，有深度难突破，有突破难持续。因此，迫切希望看到金融服务乡村振兴的标杆，以便借鉴学习。第二个方面，兴化的金融服务乡村振兴模式，确实让人看到了希望，在得到心底深处认同的同时，具有复制的可能性。

客观地讲，从全国范围来看，在乡村振兴战略实施过程中，已经形成了许多成熟且成功的模式。但是，金融高质量服务乡村振兴的模式相对较少，成体系、广覆盖、深度融入的模式更是少之又少。而这，恰恰是兴化模式最为珍贵的一点。

共兴金融

关于兴化农商银行"磁吸效应"的解读，有各种方式。在笔者看来，"磁吸效应"是表象，"磁场"是金融服务乡村振兴的各种举措与探索，而"磁场"的核心，则是正能量满满的大普惠之道。大普惠之道的本质，是一种新的金融观。因此，地方性银行服务乡村振兴的"兴化模式"，其本质就是大普惠模式。这种大普惠模式既有地方党委、政府的服务职能体现，也有兴化农商银行的不懈探索。基于本书的写作主线需要，笔者将更多的侧重点放在了银行的角度。

这种大普惠模式，是在传统普惠金融基础上的维度提升，将乡村振兴作为最大的普惠来看待和推进。以这种升维方式为驱动，呈现出三个"高质量"：银行自身发展高质量、地方支持高质量、服务乡村振兴高质量。只有地方性银行自身发展高质量，才能保证金融服务乡村振兴高质量；只有地方支持高质量，才能实现地方性银行发展高质量；只有乡村振兴高质量，才能实现地方发展高质量。这是一个相互赋能、相互融合、相互成就的闭环关系（见图1-1）。

过去，兴化农商银行立足地方发展，得到了地方的大力支持。但是，更多地体现为一种合作关系，政府是政府，银行是银行，各做各的，融合性很少，交集性不大，互动性不强，整合力不够。5年来，兴化市委、市政府和兴化农商银行以乡村振兴为共同愿景，将这种合作关系进一步深化为融合关系。

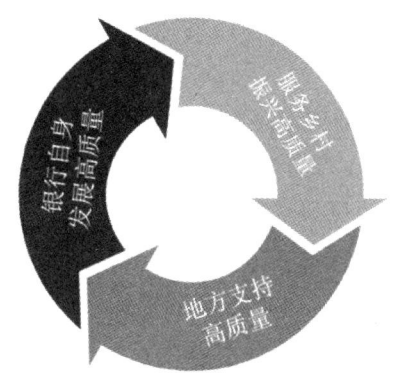

图1-1 地方政府—地方性银行—乡村振兴关系简图

从地方角度看，从2018年起，兴化市委、市政府将兴化农商银行的普惠金融（农户小额信用贷款、1000万元以下经营性贷款）推广工作纳入行政管理考核，实现了普惠信贷投放的"核裂变"效应，5年时间累计增加普惠信贷1075.16亿元。从2021年开始，兴化农商银行围绕支持村级集体经济组织进行全面探索。农村集体经济组织是增加农民收入、促进乡村振兴的主要抓手之一，是实现产业强、农村美、农民富的核心环节。兴化农商银行深刻地意识到，金融高质量服务乡村振兴，必须紧紧抓住这个"牛鼻子"，才能实现共兴共富的目标。兴化市委、市政府又将村级集体经济组织培育与金融支持，交由兴化农商银行来参与和主导。

从兴化农商银行角度看，5年来，围绕产业兴旺、生态宜居、乡风文明、治理有效、生活富裕的乡村振兴"五大目标"，放大地方性银行的"金融牵引器"功能，取得了全面的突破。

在产业兴旺方面，围绕全市农业发展的现实需求和短板弱项，按照"乡村振兴、产业先行"的理念，重点支持稻米产业、河蟹产业、特色农业等项目，助力第一、第二、第三产业融合发展，助推兴化从农业大市向农业强市转变。

在生态宜居方面，加大对绿色信贷领域投放力度，支持休闲观光型农业、田园乡村示范点、新型农村集中居住、特色小镇等项目建设,帮助拓宽资源发包、物业租赁、资产经营等发展路径。发放江苏省首笔支持"碳排放权"挂钩贷款,截至2022年末,全行绿色贷款余额9.46亿元。2022年10月25日,兴化农商银行在全国银行业间市场成功发行"碳中和"专项绿色金融债券,成为全国县域农商银行、长三角地区农商银行、江苏省首单成功发行"碳中和"债券的农商银行。

在乡风文明方面,联动地方政府、地方金融监管部门、人民银行等机构,持续开展信用镇、信用村、信用户建设,让守信者处处得利,失信者处处受制,形成"找对象看信用、搞合作看信用"的新乡风,让"诚信"成为兴化地方的一张新的名片。

在治理有效方面,通过党建共建派驻金融助理,参与村委金融服务议事,每人每年实施一个解决老百姓"急难愁盼"的民生项目,并成立多岗位组合的驻点服务队,常态化开展驻村服务,单次服务时间不低于半个工作日。

在生活富裕方面,一边挨家挨户提供普惠贷款,为农户种养殖和创业提供"备用金",较好地解决了因资金而影响创富机会的问题;一边从兴化全市村集体经济组织的192个项目入手,全程参与,共同孵化,放大金融带动农民增收致富的效应。

可以看出,这种融合的范围是比较广的,深度是比较深的,而且互动性极强。一个是合作,一个是融合,这里面有着天壤之别。合作关系的本质是利己,融合关系的本质是利他,合作可以比作"你是你、我是我",融合可以比作是"你中有我、我中有你"。兴化市委、市政府与兴化农商银行的这种融合关系,集中反映在共兴金融上面。

共兴金融是将乡村振兴作为党赋予的共同使命,以此为统领,从自身的职责角度出发,通过有效融合,形成最大合力,共同服务好老百姓,共同推动地方经济社会发展，共同助推乡村振兴早日开花结果。也就是说，兴化市委、市政府和兴化农商银行都是党领导下的一级组织，虽然职责不同，但使命是共同的，大家目标一致，行动合拍，用"鼓掌"的方式，相互加油，互相赋能，形成了金融服务乡村振兴的兴化模式，进而形成了强大的"磁吸效应"。

第2节 不一样的5年

5年，放到时间的长流中，不过是一朵小小的浪花。而对于兴化农商银行来说，这5年是不一样的5年，其最大的特点就是巨变。正是5年的变化，才支撑起了大普惠的可能，才形成了"磁吸效应"。

而这5年巨变背后，并不是按部就班的串联式发展，而是边治理边发展、边学习边提升、边总结边跨越的并联式跃迁。这也凸显了地方性银行的一个显著特征："其兴也勃焉，其亡也忽焉"。对于地方性银行来说，做小做散不是"苦差事"，是主责主业；零售转型也不是"慢功夫"，零售升级更不是不可能。只要肯干，任何奇迹都可以创造。

治理与发展"两手抓"

有人说，时代的一粒沙，散落到个人头上，就是一座山。其实，这句话套用到小银行同样适用。我们看到现在的兴化农商银行"火"了，其实，兴化农商银行曾经有一段时间因为定位转移、功能漂移，忘却做小做散的初心，追求做大业务、赚快钱，加之管理不到位，导致资产质量明显下降、违规行为频繁发生、员工本领有所弱化、品牌形象受到影响，呈现出不良贷款多、群众信访多、内外矛盾多的状况。

大普惠
地方性银行服务乡村振兴的兴化模式

2017年9月,江苏省联社党委任命曹文铭担任兴化农商银行的党委书记,提名董事长人选。虽然他曾经在此有过短暂的任职经历,对这里并不陌生,但是,面对这种严重复杂的局面,还是多少有点始料未及。

当时,摆在他面前的主要是"三座大山":不良贷款化解、发展定位转向和行为惯性扭转。上级的期望、形势的要求、实际情况的严峻性,以及长远发展的打算,不允许按部就班地一座一座地跨越,必须"齐步走"。怎么办?答案是治理与发展双管齐下。"治理"解决存量问题的定点"爆破","发展"解决以增量促存量"消化"、以发展促未来突破的问题。为此,在不到一年半的时间里,兴化农商银行练就了一套"天龙八部"的功夫。

◆强问责。关于不良贷款,其实化解的方式基本雷同,关键在于找到问题的症结。不良贷款之所以产生,主要是管理的问题,而管理的问题在于人的问题。为此,确定了不良贷款问责"三原则":实事求是原则,违规必问责原则和新老"划段"原则。

按照先大额后小额的顺序,兴化农商银行先后处分处罚170多人,占当时客户经理的80%以上。对于大额不良贷款采取面对面问责的方式,对于小额不良贷款采取公示问责的方式,并为两类方式设置了专门的申诉通道。

在此基础上,对个人划定底线的同时,给出"生路"。厘清责任、严厉整肃是"严管",把眼光往前看,不能总是纠结过去是"厚爱"。个人的责任确实存在,也必须承担,但环境的原因也要充分考虑。一两个人有问题是正常的,但这么大的比例,一定是环境出了问题。为此,兴化农商银行在严肃问责个人的同时,也从管理机制上进行大刀阔斧的改革,突出的表现是,釜底抽薪地将大额贷款权限上收总行,让支行专心做普惠。

◆下决心。从大额到小额,从高速度到高质量,从挣快钱到挣辛苦钱，这种改向转舵既是一次头脑风暴，也是一场自我革命。

能不能实现改革的预期成效？这不仅仅在于"掌舵人"的思想认识，也在于能不能得到领导班子成员的理解和支持。总行的领导不仅层级高，问题也看得清楚，关键还在于树立怎样的政绩观。也就是说，是为了短期"好看"的指标，给自己争取业绩，打通上升"通道"，还是为了长期效益，修通单位行稳致远的"管道"。

大家一致选择了后者，并以上率下，下了"三个决心"：下决心改变"洗脚进城""洋装皮鞋""贪大求洋"的做派，做懂"三农"、接地气的农村金融工作者；下决心摒弃"弃农背农""傍大款"的坏作风，彻底改掉"办公室坐等客户上门""身子懒不愿走村串户""走田间跑塘口怕脏""下乡走访怕麻烦""不屑与泥腿子把手言欢"等错误想法和做法，真正做到把农民视为亲人、把企业视为伙伴、把客户视为衣食父母；下决心消除"官气""娇气"和"匪气"，多添几分"和气""地气"和"正气"，争做老百姓好接触、能信任、感情深、谈得来的"贴心人"。

◆大讨论。大额贷款权限上收以后，当时的压力还是很大的，支行在思想上想不通，在方法上不会做。而方法上的"不会做"，根本原因还是思想上的"想不通"。为此，兴化农商银行先后连续组织了"不忘初心、牢记使命""为谁辛苦为谁忙""解放思想再出发、对标找差新跨越"三个大讨论。

"不忘初心、牢记使命"大讨论，让共产党员重新审视自我，厘清了"我从哪里来""我是谁""我有什么""我该干什么""我要去哪里"等核心命题的底层逻辑。

"为谁辛苦为谁忙"大讨论，让大家明白了服务大客户与服务大量客户之间的区别，明白了做小做散既是体现价值、提升本领的方式方法，也是保护自我、幸福全家的朴素道理。

大普惠 >>>>
地方性银行服务乡村振兴的兴化模式

"解放思想再出发、对标找差新跨越"的解放思想大讨论，不同于前两次大讨论，这次大讨论与其说是大讨论，不如说是大实践。突出的体现就是从"说服"到"求解"。总行专门成立高质量发展领导小组，下设党建引领、创新发展和效能建设三个工作组，通过实地调研和集中研讨，梳理总结出20项重点工作，并细化成121条具体执行任务。各部门、各支行也都围绕着"坚守定位、专注主业"等关键问题想办法、出策略。这时，大家已经不再留恋过往，不再徘徊彷徨，而是眼里有光，策略得当，脚步铿锵。

◆找标杆。除了内部讨论，还要放眼看同行，找到对比的标杆。这个标杆要立得住、可对标，兴化农商银行在江苏省联社对标学习浙江经验的同时，选择了对标学习浙江德清农商银行。

当时，德清与兴化两家农商银行的规模差不多，前者还比后者少20亿元规模，但前者的不良率为0.5%，后者账面不良率是2.5%，光这一项一年就是4亿元的损失。相比于账面的损失，看不见的损失更加严重。由于倾向于做大业务，导致全员参与感缺失，进而导致"本领恐慌"和找不到价值感。部分员工在不具备做大业务专业能力的情况下，不仅损失了集体资产，而且也给自己和家人带来了严重的影响。兴化农商银行先后组织多次赴德清农商银行学习交流活动，仅董事长就去了两次。得出的结论是，损失就出在定位上。需要学习的不仅是定位的坚守，更关键的是，要培育全员做小做散的意识和文化，让做小做散成为一种信仰。

没有对比就没有"伤害"，没有"伤害"就没有危机感，没有危机感也很难有进步。这一对比，让兴化农商银行在看到差距的同时，也汇聚起了强大的凝聚力。兴化农商银行以德清农商银行为整体对标行，各支行、各部门也在找可学、可比、可追的标杆，这些标杆有外部的，也有内部的，你追我赶，迎头赶上的氛围逐步形成。

◆定目标。怎样迎头赶上先进标杆？首先要有一个清晰而宏大的目标作为指引。这个目标要跳出兴化、立足泰州、着眼全省，在新时代背景中谋划思考，在更高站位上谋局落子。为此，兴化农商银行明确提出"在全省农商银行系统综合排名中回归第一方阵"的总目标，同时相关单项工作继续保持先进行列，排名相对落后的工作实现纵向前移。这是在"赶"的同时，还要"超"的节奏。

提出这个目标，是需要一点底气的。因为这不仅决定于自身的努力，还要看省内兄弟行的表现，不仅要补上"差距"，还要实现"赶超"。怎么赶超？关键在于三个要素：基础、"大招"和精神。

首先是基础。兴化农商银行虽然在发展中走了弯路、欠了旧账，但未触及根基，自身的规模优势所具备的调节和消化能力是强大的，特别是兴化具有的三大优势（农业大市、人口红利、后发优势），具备了"赶超"的战略优势。其次是"大招"。虽然银行发展有其自身规律，但在特殊时期"放大招"是需要的。这个"大招"是一个"组合拳"——先是"厚积"，重点体现在业务结构、科技支撑、队伍重建、管理优化等方面的"补短板"；后是"薄发"，把短板变长板，把长板做整合。最后是精神，除了看得见的管理优化，同步激发看不见的文化力量。

当谜底揭晓的时候，兴化农商银行在全省分层分类考评中，2021年度排名为全省第6位，梯队第1名。相比于名次的进位，更为重要的是，兴化农商银行的精气神焕然一新，仿佛换了一个"银行"。

◆量尺子。探寻这一"翻转"的密码，可以从兴化农商银行的"三把尺子"中找到答案。

第一把是横尺。聚焦经营指标、重点工作、工作成效，持续不断地把差距找出来，把短板弄清楚，既要比总量、比速度，更要比质量、比人均。既要"量"标杆行，还要"量"全省、全国兄弟行社。第二把是纵尺。对标自身发展找短板，对比目标要求找差距。第三把是标尺。这条标尺是党中央、江苏省委、江苏省联社党委、兴化市委的部署要求，也是人民群众、广大客户和全体员工的共同期待。

需要特别说明的是，这个"量尺子"不是阶段性地"量"，更不是只有总行在"量"，而是常态化地"量"，每个人、每个岗位、每个支行、每个部门都在"量"。通过不断"量"、不同层面的"量"，实现常"量"常新、持续激励的效果。

◆攻坚战。"量尺子"量的是差距，更是思想、胆识和勇气，最终的体现是三场高质量发展的"攻坚战"。

第一场是"市场拓展攻坚战"。针对存款市场份额趋于下降、付息成本居高不下的问题，按照结构决定速度、基数决定规模的原则，打响做实服务、稳固客户、强化激励等战役。针对贷款户数上升困难的问题，通过"阳光e贷"推广、"一卡一网一平台"（社保卡、网格化营销、金融服务开放平台）建设等方式，实现"贷款模式"向"备用金模式"转变。这是从银行经营的短期行为向长期主义的转变，也是培育客户、激活客户的有效方法。第二场是"不良压降攻坚战"。在问责的基础上，充分发挥地方性银行的地方性比较优势，协同公检法司等资源，通过定点爆破、生态重建等方式，有效地遏制住了信贷资产质量劣化的势头。第三场是"强化管理攻坚战"。重点是构建"不想违、不能违、不敢违"长效机制，重塑起良好的信贷文化。与此同时，植入新的管理理念，用协同放大效率，用过程管理替代结果导向，将赋能寓于管理之中。

三场战役下来，兴化农商银行的存贷款规模、贷款户数在翻番式地增加的同时，不良贷款却在几何式下降，增降之间，让兴化农商银行"旧貌换了新颜"。

◆常态化。"旧貌换了新颜"不是要"美颜"，兴化农商银行要的是

"本色"。巩固来之不易的胜利果实，维持不断进取的精神动力，最终需要在机制建设和文化培育上做文章。

在机制建设上，兴化农商银行进行全方位的制度优化，力争实现从"靠人管人"到"靠规则管人"。除了绩效考核等基本制度优化以外，还有两个非常关键的节点：一是在人员培养机制上的"腾笼换鸟"，建设快贷团队，替换年龄大的、问题多的客户经理；二是引入内部市场竞争机制，形成内部竞争、退出、淘汰和民主监督的环境，不养闲人，不新增人头数。

在文化建设上，实现"提档升级"。突出的标志是形成共兴之路"1163文化体系"（一个共同梦想、一种责任担当、六大理念意识、三大精神法宝），这个文化体系由"红兴·向党""业兴·振乡""心兴·相融""同兴·共进"四个模块组成，反映了兴化农商银行强化党的领导、服务乡村振兴、坚持客户至上、促进各方进步的发展理念。其中，"三大精神法宝"分别是指竹石精神、奋斗者精神和"新三铁"背包精神。竹石精神源自郑板桥"咬定青山不放松，立根原在破岩中。千磨万击还坚劲，任尔东西南北风"，表达了在服务乡村振兴的路上坚忍不拔的意志。奋斗者精神延续了水中造田、垒土成垛的勤劳创新基因，体现出为了共兴梦想"在奋斗、能奋斗、爱奋斗"的姿态。"新三铁"背包精神传承了老农信的背包精神，展现出新时代的铁的肩膀、铁的意志、铁的脚板。通过在全行倡导共兴文化，将共兴意识植入员工心中，融入日常工作场景，体现出文化管理的实际效用（见图1-2）。

"自知者不怨人"。面对困难，兴化农商银行没有随波逐流，而是选择了勇敢面对，从自身找问题，通过治理与发展的"两手抓"，不仅从思想深处重塑了"坚守定位、专注主业"的认识，而且从方法上找到了"由高速增长转向高质量发展"的路径。由此，改变了整个行的面貌与气质。

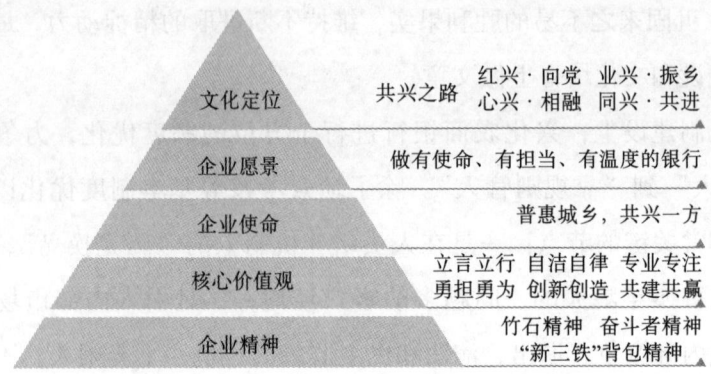

图1-2 共兴之路"1163文化理念金字塔"

从"普惠金融1.0"到"普惠金融3.0"

在有效治理和常态化发展的同时,兴化农商银行的决策者在思考一个共同的问题:如何跨越。在稳住经济大盘、需求持续低迷、利差急速缩窄的大背景下,对于一个地理位置并不优越的县级市农商银行来说,守住阵地已属不易,再行跨越,难上加难。

"向上突破,就要向下深耕,向外拓展,就要向内生长。"基于这样的认识,兴化农商银行将普惠金融作为自身高质量发展的主要落脚点,并顺应乡村振兴的金融需求,放大普惠金融的概念,实现了三个阶段的不断跃迁。

◆"普惠金融1.0"阶段。这一阶段的时间跨度是长的,形势变化也是大的,但是,服务模式基本变化不大,主要是针对农户和小微企业群体的传统服务模式。其典型的标志是单户服务和人工作业,主要是通过银行网点为客户提供支付结算、贷款投放等业务,重点是通过支行团队提供服务的模式。其中,贷款服务以客户上门办理为主,客户经理主动拓展为辅。因此,这一阶段是兴化农商银行"普惠金融的1.0"版本,可以简单地理解为单户服务的传统普惠阶段。

◆"普惠金融2.0"阶段。这一阶段主要体现在2014年到2020年，这一阶段虽然时间很短，由于"掌舵人"具有强烈的数字普惠思维，加之技术进步的赋能，兴化农商银行开启"人工+科技"的批量覆盖客户作业新阶段。

从业务的角度看，除了网点的金融服务，还增加了社保卡等政务服务。从管理角度看，重新构建全行"一盘棋"的组织模式，更加注重通过管理方式优化来释放能量。从渠道角度看，除了网点渠道以外，进一步延伸出以村组为"据点"的金融服务站，线上通道从摸索逐步走向成熟应用阶段，形成线上线下相结合的服务模式，从传统银行转变为数字银行，真正实现了"综合金融服务不出镇、基础金融服务不出村、移动金融服务不出户"。

对于贷款业务来说，真正开启备用金"时刻"。通过大规模、常态化地推进整村授信等活动，辅之以数字化能力的赋能，让当地居民和小微企业绝大部分都有了预授信。也就是说，从过去客户找银行申请贷款，到银行主动走到客户中间提前给出预授信，让绝大多数居民和小微企业了解和拥有了兴化农商银行的"备用钱包"。

因此，这一阶段是"普惠金融1.0"版本的升级版，是兴化农商银行"普惠金融2.0"阶段，其突出的标志就是服务对象的覆盖面更广泛，服务渠道更便捷，客户体验更优越，可以称之为批量服务的新普惠阶段。

◆普惠金融3.0阶段。这一阶段主要是2020年以后，虽然时间更短，也处于不断探索和总结的阶段，但意义重大，价值极高，影响深远。其典型特征是从服务到引领，从做广到做深。

所谓引领和做深，就是不仅仅是服务"三农"和小微企业，而是主动融入地方社会经济发展大局，融入地方乡村振兴大业，通过一起培植村级集体经济组织，大力支持农业特色产业和农业新型经营主体，重度投入场景建设，引领着这些客群一起发展，进而加快共兴共富目标的实现。

这一阶段的主要标志是从"人工+科技"的方式转换到"人工+科技+产业+场景"的作业方式，其组织模式从全行模式转换到全社会模式。因此，这一阶段是更高维度、更大格局的普惠金融，是在"普惠金融2.0"版本基础上，通过政银合作、产业撬动等方式，从更深层次、更大范围实现普惠金融的真谛，而银行自身也从自我超越到了无我境界，可以称之为共兴金融的大普惠阶段。

兴化农商银行的"普惠金融1.0"阶段、"普惠金融2.0"阶段，是同类型银行都在做的事情，而"普惠金融3.0"阶段的事情却是很少见到的。不仅同类型银行很少见到，就是放眼全国的各类型银行，也很少见到。也可能会看到一些做法，但很少看到这样成体系的模式。从单户服务的传统普惠阶段，到批量服务的新普惠阶段，再到共兴金融的大普惠阶段，可能不符合经典教科书的格式，也没有现成理论作为支撑，但是，这条道路是用汗水和勇气蹚出来的，是把双脚踩在大地上、躬身田间地头干出来的，是把农信情怀和商业利益有机融合起来的，不仅颇有成效，而且颇具未来方向指针的实际意义。

第3节 "锅底洼"的梦想与传承

兴化农商银行的大普惠模式"基因"，隐藏在漫长的历史长河当中。或者说，大普惠模式是地方文化在新时期农村金融版本的体现。

兴化是千年古城，从建县伊始到如今，名称始终未改。历史上，这里的地理环境并不优越，曾经是一片沼泽之地，当地人称之为"锅底洼"。正是因为基础差，才更加激发了人们追求美好生活的梦想。在广大劳动人民勤劳创造的进程中，幸运的是，兴化遇到了"贵人"，起到了关键的作用，为这里的经济和文化奠定了坚实的基础。而这种传承至今的精神，也在潜移默化地影响着兴化农商银行的所思所想、所作所为。

"垒土成垛 择高向上"

顺着兴化的历史长河溯流而上，6000多年前，这里就有人类生活。良渚文化的一个分支，也在这里诞生。2300年前的战国时期，这里还是楚国大将昭阳的封地。"楚虽三户，亡秦必楚"，此三户中的一户便有昭阳。

在兴化古县衙的门口，挂着一副对联：昭阳食邑、文正儒基。前者就是上述的昭阳开基功业，后者则是为兴化奠定文脉基业的北宋名臣范仲淹。兴化是范仲淹的职业生涯起点，其曾任这里的西溪盐监和知县。5年中，他治理"东水之患"，引入大米种植，渐成当地主导产业，实现了物阜民熙的景象。他开办学宫，建立孔庙，开启兴化文脉。由此，这么小小的地方，先后出了105名进士、3名宰相。他还在这里搞廉政教育基地建设，建成了全国第一座沧浪亭、濯婴亭，并成为最早的园林事业开创者。更为重要的是，正是在兴化，他酝酿出了"先忧后乐"思想。他的亲政爱民和历史功绩，铸就了独有的景范文化，其精髓就是"先天下之忧而忧，后天下之乐而乐"，让后来效仿者不断涌现。古有明朝万历首辅李春芳、《水浒传》作者施耐庵、"扬州八怪"代表人物郑板桥、"东方黑格尔"刘熙载等代表性人物，近现代有数学界的中科院院士潘承洞、医学界的中国工程院院士王振义、核物理界的中国科学院院士李德平、生物化学界的中国科学院院士钮经义，还有上甘岭阻击战中的狙击手张桃芳、茅盾文学奖获得者毕飞宇、国际象棋冠军侯逸凡等一众名人名家。

这些名人名家，在不同领域、不同时期都做出了不同的贡献。其中，有两个人名气比较大，就是施耐庵和郑板桥。施耐庵在《水浒传》中描述的水泊梁山，大部分借景了兴化的五湖八荡地理地貌。郑板桥更是家喻户晓，他的诗、书、画，世称"三绝"。习近平同志在讲话、文章中曾经6

次引用郑板桥的题画诗①：“衙斋卧听萧萧竹，疑是民间疾苦声，些小吾曹州县吏，一枝一叶总关情。”以此说明群众利益无小事，民生问题大于天。还在正定当县委书记的时候，习近平同志引用"新竹高于旧竹枝，全凭老干为扶持"，来称赞老干部的价值。郑板桥独创六分半体书法，并将书法用笔融于绘画之中，书法主张继承传统十分学七要抛三，绘画讲求未画之先，不立一格，既画之后，不留一格。毛泽东同志称赞郑板桥的帖"就像要奔赴沙场的一名勇猛武将"，称赞郑板桥的字"每一个字又有分量，掉在地上能砸出铿锵的声音，这叫掷地有声啊"。而老百姓更多记住的，则是"难得糊涂""知足常乐""吃亏是福"等人生格言。

通过对历史的梳理，我们能够感受到兴化的文化基因就蕴含在"兴化"两个字里面。兴化，兴盛教化之意。兴盛，是经济角度，教化，是精神角度。兴盛教化，用今天的话说，就是物质文明、精神文明"两手抓"。

要实现物质文明，就要有闯的精神。一个"闯"字背后，勤劳是身躯，创新是灵魂。于是，我们就可以理解水中造田的精神实质。兴化盛产螃蟹，就敢做"第一个吃螃蟹的人"；兴化戴南镇不产钢铁，却无中生有，成为全国不锈钢产业的风向标。这都是敢闯精神的现实表现。近年来，兴化市提出，闯出地理"洼地"，闯成发展"高地"，把繁荣繁华的"水乡梦"照进现实，全力走出里下河，融入长三角，建设令人向往的江苏大公园、人文梦水乡。这也是这种"闯"的精神体现。

要实现精神文明，就要有梦的牵引。这个"梦"的背后，现实是源泉，理想是翅膀。于是，我们就可以理解，兴化为什么会成为中国小说之

---

① 2015年1月12日《在中央党校县委书记研修班学员座谈会上的讲话》；2014年10月15日《在文艺工作座谈会上的讲话》；2014年5月9日《在参加兰考县委常委班子专题民主生活会时的讲话》；2012年12月29日、30日《在河北省阜平县考察扶贫开发工作时的讲话》；2004年1月5日《心无百姓莫为"官"》(《之江新语》)；2003年12月30日《在检查节日市场供应和物价情况时的讲话》(《干在实处 走在前列》)。

乡、中国文学之乡，为什么中国四大名著中有三部会与兴化有关，为什么地处水涝之地却文脉繁衍，为什么兴化人的集体性格里面透着一股子不争而争、无为而为的文化气质。

上述的历史文化梳理，也印证了兴化市提炼的兴化精神："垒土成垛、择高向上"。"垒"是方法，"垛"是成果，"高"是目标，"上"是方向。这种精神在兴化农商银行的发展变迁中得到充分的体现，"垒土"就好比普惠金融1.0、2.0阶段的不懈努力，"成垛"就好比普惠金融3.0阶段的勇敢探索，"择高"代表了大普惠模式，"向上"则代表了高质量发展、高标准要求的方向。深入了这个文化底蕴，你或许就可以身临其境地理解本书的主旨与内涵。

"花开的地方　我们的银行"

走进兴化农商银行，大门口会有两个吉祥物在迎接你：金转转和金灿灿。接通兴化农商银行每一个员工的电话，你也会听到金转转和金灿灿带来的美妙铃声：从现在开始，我们将与兴化农商银行一起践行普惠金融，助力乡村振兴。金转转和金灿灿是一对兄妹，金转转是男孩的形象，体现责任和担当，额头上的标识是一个小风车，"转"也是"赚"，寓意带动大家一起转动美丽兴化，转动美好生活；金灿灿的头顶是油菜花的设计，体现地方性银行的贴心与亲切（见图1-3）。

图1-3　兴化农商银行吉祥物——金转转和金灿灿

在营业大厅的正门口,你会看到一列跳跃的字体雕塑:花开的地方,我们的银行。在兴化许多地方也都会看到这个宣传语。可以说,"共兴文化"产生了广泛的影响,得到了员工的认同和社会的认可。"花开的地方"代表兴化的地域性,"我们的银行"体现共兴性。共兴金融是兴化农商银行的乡村振兴专设品牌,由"兴"字演化而成阳光的形状,寓意乡村振兴就是阳光大道,象征兴化的阳光所照之处,必有普惠金融服务(见图1-4)。

图1-4　兴化农商银行共兴金融品牌标识

到了办公区和营业区,你会随处看到兴化农商银行 VI(视觉识别系统)标识,这是一个由兴化首字母融合了金融元素的演化图形。X 字母代表红色的梦想和无限的未来,H 字母中加入了方形图案,并用金色标出,体现金融元素的同时,形似一束聚光灯,寓意聚焦一域,专注主业(见图1-5)。

图1-5　兴化农商银行 VI 标识

在与兴化农商银行的员工交流中,你会常常听到三个词语:有使命、有担当、有温度。初听上去,感觉高大上,深入了解,你会觉得接地气。这里面,有着非常丰富的内涵,已经成为兴化农商银行每一个人心中坚定不移的信仰。

这"三有"与兴化的历史传承中的三本书有关。《西游记》是明朝首辅李春芳校订的,书中描述的关于西天取经的信念,与兴化农商银行的

"有使命"异曲同工。《水浒传》是施耐庵写的,书中体现的"替天行道",与兴化农商银行的"有担当"一脉相承。《三国演义》是施耐庵的学生罗贯中写的,书中描述的"桃园结义"之情,与兴化农商银行对社会、对客户、对员工"有温度"也是一致的。在实际工作当中,这"三有"体现在时时处处,"兴化模式"就是最好的证明。

文化管理是最高阶的管理。要完成高质量服务乡村振兴这番伟业,必须发动一场"人民战争",必须持续地进行"精神动员"。通过全面的了解,可以看出兴化农商银行的文化建设,呈现出了体系化、时代性和实用性,旨在用文化的"无形力量",驱动人们的内生动力和共同合力,进而形成服务乡村振兴的磅礴力量。

兴化农商银行作为一家地方性银行,从"地方"两个字立意,紧紧地围绕普惠金融这个主题做文章,并与时俱进地书写出从普惠金融1.0到普惠金融2.0,再到普惠金融3.0的新篇章。

隐含在"新篇章"背后的力量,是兴化市委、市政府与兴化农商银行用"鼓掌理论"形成的新型融合关系,具体体现为金融服务乡村振兴的"兴化模式",也就是大普惠模式。

大普惠模式既是在传承历史文化的精神,也是建立在现实问题稳妥化解、自身发展更有成效的基础之上,更是针对新的历史使命的探索与担当。不同于以往的普惠金融,大普惠模式是以道驭术,进而生发出许多管用好使有效果的做法,让兴化农商银行引来无数关注的目光,更让当地老百姓的生活更加美好。套用本章开篇辛弃疾的词的写法,可以写为:"稻花香里续新篇,掌声一片"。

第 2 章 "认识你自己"

从事银行工作的人,从入职的第一天起,就被植入一个基本的理念:KYC(了解你的客户)。而在兴化农商银行的实地调研和不同对象的访谈中,笔者开始重新审视这一理念。KYC 固然重要,但在这之前,更重要的应该是 KY,也即"认识你自己"

"认识你自己",这是希腊德尔斐神庙门楣上的名言,也是苏格拉底的哲学。这种哲学思维也非常符合中国的传统文化。"推己及人""行有不得,反求诸己""克己复礼",等等,这些文化都与此有异曲同工之处。兴化农商银行在从中外优秀文化中汲取精神力量的同时,结合自身的实际,提出了"我是谁""依靠谁""为了谁"这些根本命题的"兴化答案"。培根在《习惯论》中讲到,认知决定思维,思维决定行动,行动决定结果。兴化农商银行的大普惠思维、服务乡村振兴的行动,以及由此产生的"磁吸效应",都是从这个基本认知开始的。

第 1 节 "我是谁":一家有使命的银行

作为一家地方性银行,"我是谁"要重点回答三个问题:承担什么使命、担当什么角色、如何发挥作用。兴化农商银行从"党领导的银行""地方性银行"和"农商银行"三个实情出发,做出了符合自身实际的回答。

使命、定位、战略"三段论"

一家地方性银行谈使命，似乎让人听上去"遥不可及"，但兴化农商银行却对此坚信不疑，并能够让员工"躬身而行"。原因就在于他们的使命、定位、战略的"三段论"。

使命具有三个特征：目标宏大、有意义有价值、能实现。新中国成立后，广大农村地区资金严重匮乏，高利贷现象严重。国家倡导信用合作，农村信用社在很短的时间内消除了这一现象。这种使命在兴化的农信历史上也有真实的反映，即使时代发展到现在，这种使命"留痕"依然清晰可见。

怎么把这种使命传承下去？关键在于定位的坚守。兴化农商银行在这方面是有着惨痛教训的。一直以来都发展得很好的势头，在过去某一阶段，因为定位漂移，过分追求服务大客户、主做大业务，忽略小客户，放弃普惠市场，导致资产、社会等风险集聚。因此，在兴化农商银行看来，定位不仅是一种长期主义，不仅是使命感驱使下的坚定不移，而且是风险防控的高维工作法。从2017年开始，兴化农商银行重回支农支小定位，重新扛起普惠金融使命，并且更加注重整合各方资源，发挥科技力量，提升普惠质效，用定位坚守更好地实现了使命的赓续。

定位上承使命，下导战略。战略是阶段性实现普惠使命和保持支农支小定位的综合措施规划。在过去的5年里，兴化农商银行先后出台了《2018—2020年战略规划》和《2021—2023年战略规划》，都是以三年为期，也都以使命传承和定位坚守为核心内容。

《2018—2020年战略规划》以"一体两翼"[①]为总体战略布局，强调

[①] "一体两翼"是指以农户、个人和小微为主要服务对象的零售业务为主体，以公司业务、资金业务为双翼。

通过公司、金融市场两大业务的联动与赋能，为普惠金融争取空间、赢取时间。同时，深度推进"三分""三化""三注重"。① 这段时期，兴化农商银行正处于资产质量恶化带来的震荡期。因此，在重回支农支小定位的同时，更加注重通过业务协同、组织变革和管理进化来提质增效。

《2021—2023年战略规划》以推进"乡村振兴战略"为总抓手，以"党建引领、网格建设、数字银行"三大工程为载体，突出"一调""两优""三提升"。② 其中，"结构调整"是一条主线，明确提出，审慎发展3000万元以上的个人及企业贷款业务，审慎发展金融市场业务，主要开展中国银保监会批准经营的各类金融市场业务。由此，通过战略的调整，进一步保证了定位的坚守。

为了保证战略的有效落地，兴化农商银行引入地方政府、张家港农商银行等实力雄厚、资源富集、角度多元的股东入股，并将"由股东大会确定本行新增贷款中用于发放涉农贷款的比例"写入章程，在董事会专设了"三农"及战略管理委员会，聘请具有农村金融背景的独立董事，并配套专门机制，切实发挥其在"三农"方面的参谋作用。

在笔者访谈过程中，恰逢兴化农商银行每季度召开一次董监事会，笔者有幸参与并和部分参会者进行了深度交流，留下了三个深刻印象。第一，参会人员全。其中的部分代表是上市公司董事长、当地著名企业家，也都要放下"手头"工作，务必参加这个会议。第二，会议内容实。董事长、行长向董事会、监事会汇报工作，好就是好，差就是差，包括需要董监事做什么都是直言相告。第三，董监事的业务强。这个"强"不是对本行业的"业务强"，而是对农商银行定位和业务把脉准，对农商银行的战

---

① "三分"是指网点分型、业务分级、员工分层；"三化"是指前台场景化、中台智能化和后台集中化；"三注重"是指注重需求与体验、注重管理与效率、注重质量与效益。

② "一调"是指结构调整，"两优"是指质量优化、生态优化，"三提升"是指员工素质提升、治理能力提升、品牌形象提升。

略和政策了解得清楚。如果不了解会议背景，很可能以为这是银行人内部的一次会议。

之所以取得这样的效果，底层的逻辑是兴化农商银行的使命、定位、战略"三段论"。以使命保证方向不偏，在对的赛道用力奔跑；以定位承接使命担当，用长期主义实现价值体现；以战略支撑定位坚守，让"大"的方向和"长"的定位，浓缩于"三年之内"，变成可视可行的策略体系。层层递进，环环相扣，让正确的想法变成了精彩的做法。

"政策渠道"与"治理抓手"

"我是谁"的第一个命题是"使命是什么"，第二个命题是"角色是什么"。看待地方性银行的角色，至少需要从两个方面来看：国家层面和地方层面。

从国家层面来看，我国宏观调控的经济方式，不同于西方的财政、货币方式，还增加了经济计划。西方的银行是央行确定政策、银行执行政策，是单线性的。我国的银行是在执行央行政策、监管要求的同时，参与经济计划，是双线并一线的。换句话说，我国的银行承担着更多更大的使命，不仅是金融渠道，还是政策渠道。因此，贯彻党的主张、顺应政策导向是一个基本的要求。兴化农商银行从2017年开始，从高速度向高质量的转型，从普惠金融向乡村振兴的提升，每一步的发展，都是这种角色的体现。

从地方层面来看，到了县域，地方治理中的金融抓手是很少的。仅有的农商银行由于系统直管，往往容易和地方政府"生分"起来。在地方治理中，"钱"的问题永远是排在前三位的问题，恰如北宋苏辙所言："财者，为国之命而万事之本。"由于在县域真正愿意为农户服务的金融机构并不多，服务小散弱的农户，往往成本高、风险大、收益低，相比于服务工商业，机会成本太大。因此，县域范围内功利性、短期性的资金供给历来不缺，缺的是义利兼顾、长期供给的资金。人们常说，干农村金融是需要情怀的，就是这个道理。兴化农商银行主动融入地方社会和经济大局当中，参与地方治理，体现社会责任，特别是在乡村振兴的过程中，与市委、市政府一起谋划、一起落实、一起推动，"打磨"出金融高质量服务乡村振兴的"兴化模式"。

换个角度，从地方性银行角度看，地方又是地方性农商银行的"根据地"，地方政府资源最密集、组织能力最强大，这对于本土经营的地方性银行来说，是必须"撬动"的资源和力量。但是，正确的想法还需要正确的做法，才能将好事办好、实事办实。这里面，有一个地方党委、政府与地方性银行合作的方式问题。

北宋时期，王安石变法的主要内容之一是"青苗法"，其本意是改变旧有的"遇贵量减市价粜，遇贱量增市价籴"的做法，并且政府以远低于市场的利率贷给农民、城市手工业者，以缓和民间高利贷盘剥的现象，同时也可增加政府的财政收入，达到"民不加赋而国用足"的目的，进而改善北宋"积贫"的现象。但"好心办了坏事"，核心问题之一是方式错误，用行政干预、包揽市场，最终导致了失败的结果。兴化市委、市政府与兴化农商银行合作，无论是推动普惠信贷，还是发展集体经济组织，都从各自职能角度做到了恰到好处，实现了"有为政府"和"有效市场"的合理嫁接。这个尺度就在与一个"公"字，核心在于一把手如何权衡。用曹文铭董事长的话说，就是"我不复杂，其他也就不复杂"。

在地方性银行的外部管理上，还不得不提到两个机构——人民银行的分支机构和监管部门的派驻机构。地方性银行是独立法人，自由度大，这既有好的一面，也有不好的一面。好的一面在于经营机制灵活，不好的一面在于犯错误概率也大。因此，这两个机构对地方性银行也"格外关注"。

当地人民银行给兴化农商银行的感觉，就是"央妈"，既有严格管束，也有悉心呵护，特别是在支持普惠金融、乡村振兴等领域，充分给予再贷款、再贴息、绿色金融引导资金等金融政策工具倾斜，在支农支小奖补上，兴化农商银行拿的奖励也比较多。

监管部门则是赋能式监管，寓监管到赋能，以帮助为主，重点抓定位坚守与风险防控，特别是在支持乡村振兴过程中推动力量很大。监管部门到兴化农商银行频次很多，也很深入，经常是到更加贴近一线的部门、支行去了解情况。对于发现的问题，重在及时提示和改进，而不是秋后算账、结果问责。在前些年整顿资金业务的过程中，辅导兴化农商银行做好工作衔接，有效地保证了资金的安全，并反向推动了深耕本土、回归本源、支持实体。

实事求是地讲，在许多地方，人行、监管与地方性银行的关系，有点像猫与老鼠的关系。这一现象在兴化是没有的，一个主要的原因是兴化农商银行摆正了自身的位置，能够正面理解和认识，其经验是，要有一个"好心态"。因为大家都是为了银行好。

"鱼与熊掌可以兼得"的新优势

农商银行的现行体制，始于21世纪初的第一个十年，快速推进于21世纪的第二个十年。无论是农村信用社、农村合作银行，还是农村商业银行，其初衷在于通过股份制改造，增加资本来源，强化法人治理，促进效率提升。但在实际运行层面，有些机构以股东回报为借口，忘记使命，偏离定位，甚至见利忘义。这方面，兴化农商银行也有过一段时间的"走神"。好在江苏省联社看到了问题的实质，及时做出了调整。

本来，改制成为商业银行，商业银行就应该有商业银行的规矩，追求商业利益最大化也无可厚非。关键在于这个商业银行的前缀是农村，是农村商业银行,而不是其他商业银行,是农村商业银行就属于农村金融的范畴,就必须与我国的农村制度相融合。

习近平同志曾经多次谈到,坚持农民土地集体所有,这是农村基本经营制度的"魂"。农村集体土地应该由作为集体经济组织成员的农民家庭承包,其他任何主体都不能取代之,这是农民土地承包经营权的根本。一个是"魂",一个是"根本",所以这个制度就不能改,改了就会地动山摇。

可见,集体所有制和集体经济组织成员土地承包权,是农村金融的出发点。不从这个出发点出发的金融服务,很难触及农村金融服务的核心。对于集体所有制资产,从银行的角度看,在发生风险的情况下,面临着处置困难等实际问题。对于土地承包经营权的抵押,存在不好周转、不够足值等实际问题。在这种情况下,地方性银行的比较优势就显现出来了。由于贴近农村,了解农业,亲近农民,可以相对容易地解决上述难题。可以利用这些有利条件,深入到农村当中去,深入到当地农业的生产经营活动中去,了解客户的家底、人品、经历、交往、业绩等,平时把工作做足了,做业务的时候就能有效降低成本,规避风险。兴化农商银行显然是看到了这个底层逻辑,所以,才会在普惠金融和乡村振兴方面放心大胆地探索。

同时,农商银行毕竟还是商业银行,还要按照市场规律和法人治理的规矩来。也就是说,商业化是经营方式,主要解决效率的问题;服务"三农"是根本目的,主要解决公平的问题。实现效率与公平两者之间的平衡,要在"义""利"之间做出优先级排序。在兴化农商银行看来,商业化营利不是最终目标,盈利的目的是增强自身能力,最终的目的还是通过普惠金融和乡村振兴,解决促进地方发展和百姓富裕的问题。

这一认识是有实践佐证的。近年来,兴化农商银行在边治理、边发展、边提升、边跨越的过程中，本着"不唯效益论"的原则，不断向农户和小微企业让利，先后让利6亿多元，不断为政府投入"新基建"，包括社保卡、医保平台、"三资"平台等，先后投入近亿元，不断为民生提供"心服务"，包括各类场景的便利与优惠；自身则通过调结构、控风险、增量补差、效能提升等方式，在存贷款增速年均15%左右的情况下，将盈利维持在一个适度增长、正常运转的水平（见图2-1）。

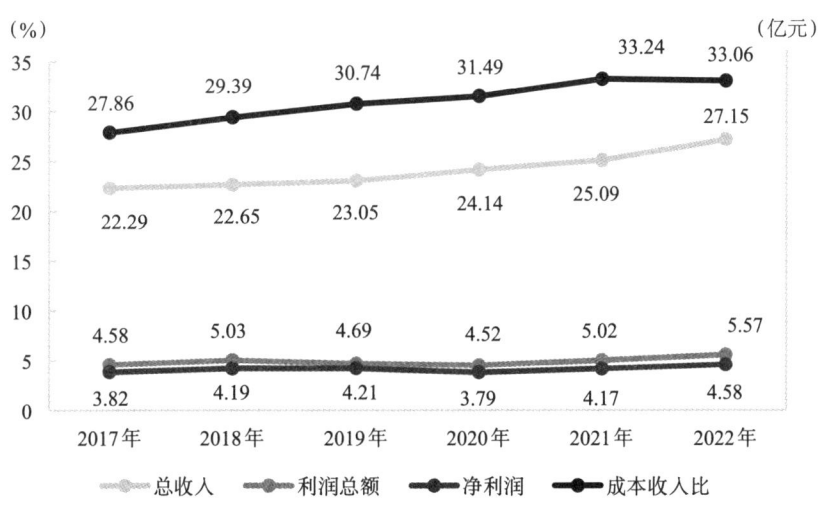

图2-1　2017—2022年盈利情况发展趋势

由此，兴化农商银行通过发挥贴近农村的优势，做了许多银行想做不敢做、敢做做不好的实践探索；通过理顺方式与目的的关系，将目的调整为优先级，保证自身正常运转、能力增强的情况下，让利客户，优惠百姓，回馈地方，赢得了广泛的信任。而这，是在延续独立法人传统体制优势的基础上，凸显出"鱼与熊掌可以兼得"的新的比较优势。

第2节 "依靠谁"：一家有担当的银行

"有使命"更需要"有担当"，"有担当"才能真正将"有使命"落地。但"担当"二字，说着容易做起来难。地方性银行本来就存在业务范围不广、可利用资源不足等实际问题，能够做好普惠金融已属不易，更遑论大普惠。兴化农商银行一方面充分激发自身的内在动力，实现更有效率更有效能；另一方面有效彰显"小法人+大平台"的联动作用，放大"上下同心其利断金"的乘数效应。

"在一起 了不起"

在与兴化农商银行的领导班子访谈的时候，笔者深深感受到一种共同的集体气质。这种集体气质就是将政治的觉悟、银行的专业和实干的精神"合三为一"。概括起来说大概是这样的：如果没有政治意识，仅考虑商业利益，就会忘了"我是谁"这个根本命题的答案。如果不专业，不能做到自身的可持续发展，往往在担当使命上"做不好"。如果空有一腔热情，不能脚踏实地，不能额外付出与贡献，小银行就很难有大作为。如果说失败是成功之母，那么，坚毅就是成功之神。面对乡村振兴的新使命、新课题，作为领导集体，有的时候要为失败"时刻准备着"，要为成功"咬牙坚持下去"。

《论语》中说："其身正，不令而行；其身不正，虽令不从。""身正"是在"打样子"，要做到"不令而行"，还需要用合适的方式，才能带好团队，进而更好担当。在兴化农商银行，我们看到了这种"合适的方式"，主要体现在领导班子、管理层、员工三个层面的造势与认同、赋能与承诺、沟通与支持六个互动（见图2-2）。

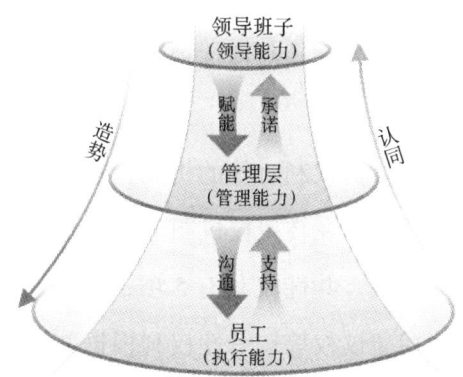

图2-2　兴化农商银行"三层六动"管理模式原理图

第一个层面——领导班子与员工之间的互动关系是造势与认同的关系，这考验的是领导班子的领导能力。领导班子给员工"画饼"，这个"饼"不是"天上掉下来的"，而是"可望也可及"的。乡村振兴就是这样的"饼"。要得到这块"饼"，就要造好势，造势是用文化的方式，而不是命令的方式。因为只有得到员工广泛的认同、心底里的认同，才能形成真正的意愿和强大的合力。

毛泽东同志说，"凡事我们需要群众参加的工作，如果没有群众的自觉和自愿，就会流于投入形式而失败，这里是两条原则，一条是群众的实际上的需要，而不是我们脑子里头幻想出来的需要，一条是群众的自愿，由群众自己下决心，而不是由我们代替群众下决心"。兴化农商银行的这种互动方式，其实就是这种理论的现实版本。在"群众的实际上的需要"方面，重点体现在大普惠中的价值体现，而这种价值感的前提是参与感，只有让大家广泛参与，才能让每个人感受到自我价值的实现。在"群众的自愿"方面，兴化农商银行做了许多探索，各种探索的集大成者是共兴文化。而共兴文化建设的核心，就是激发每个员工的自觉自愿、自我驱动。

第二个层面——领导班子与管理层之间的互动关系是赋能与承诺的关系。赋能是过程导向，把更多的资源从上而下"流动"。承诺是结果导向，把任务的完成作为从下而上的契约精神体现。这方面，核心是抓住了三个关键节点。

第一个关键节点是做好责权利对等的机制，给管理层责任的同时，要赋予权利、做好激励。比如，在转授权机制上，对部门负责人分共性和个性两种方式赋予一定的权利。共性权利有5项，涵盖请假、干部推选、岗位分工建议权、奖励惩罚建议权等；个性权利根据部门的不同分别授予不同的权利。对支行行长授予四个方面13项权利，涵盖了员工管理、经营管理、财务审批、民事责任代理等方面。

第二个关键节点是在给予目标指标的同时，匹配相应的资源。也就是说，目标是总行统筹的，是管理层必须完成的，这个是不能"谈"的。但管理层可以"讲条件"，在领导班子赋能的基础上，争取各种为了完成任务目标的资源。

第三个关键节点是领导班子关心到每一个管理者，而不是每一个员工。全行的管理者76人，每个班子成员可以对应10人左右，比较符合管理学上的管理幅度理论，也是关心得过来的。如果关心到每一个员工，实际上是很难做到的，而这是需要管理层去做的。基于此，兴化农商银行总行和支行分层推进、长期坚持"家访"活动，将人文关怀做到了"雨露均沾"。同时，也为争取家属支持、掌握员工信息等创造了条件。

第三个层面——管理层与员工之间的互动。兴化农商银行特别注重管理干部管理能力的提升，创造条件支持管理干部与员工一起成长。在与这些管理干部沟通的过程中，能够感受到这是一支"想干事、能干事、干成事"的队伍，可谓"上得厅堂、下得厨房"。管理干部对于员工的支持力度也很大，这种支持不是"指使"，而是"支持"，不是利益刺激、考核倒逼，而是能力辅导、成长支持，并且注重沟通的力量，让人工作得心情舒畅、干劲十足。因此，你会进一步看到，尽管每一个员工都是在"满负荷运作"，但很难听到抱怨的声音，反而是有着很好的同理心。

这种"三层六动"的方式，浓缩于他们的一句团队口号："在一起、了不起"。而这与兴化农商银行的一个核心观点密切相关。在他们看来，马斯洛的需求层次理论不适合国人，更不适用于兴化农商银行。中国是一个强调归属感的文化，因此，最顶层的需求是归属感而不是其他。可见，兴化农商银行的管理是在把家文化的长板不断拉长，是一种从"心"出发的文化自信和文化再造。

巧干　实干　苦干

"在一起"之后，怎样才能"了不起"，这个中间需要一个"连接器"。这个"连接器"就是一个字"干"。怎么干？兴化农商银行的打法是巧干、实干、苦干。

从思想上"破冰"，尽可能地巧干。所谓巧干，就是融入地方，放低身段，先被接受，再去引领。在这个过程中，从心底愿意做一个店小二、服务员，逐步把客户变"粉丝"，"把菜烧好了端给他们"。兴化农商银行在刚开始打造"家门口的银行"、全面建设普惠金融服务点的时候，不少村书记积极性不高。兴化农商银行的支行同志们逐个村去做工作，总行又通过争取，把这项工作纳入了当地乡村振兴考核。结果，全市463个行政村建成了517个金融服务点，做到了全覆盖。老百姓也很方便，都竖起了大拇指。

巧干是一种思想上的"破冰"，但更多的工作在于日常，这就需要从行动上破局。只有实干，才能兴行。在兴化农商银行，你可以看到，了解信息"不问百度问百姓"，收集意见"不用指尖要脚尖"，关注客户"不用平板用脚板"。在服务企业的时候,注重跟企业面对面地交流解决"一层纸"的问题,这"一层纸"就是解决隔在银企之间信息不对称的"纸"。注重服务农户心贴心地解决"一厘米"的问题,这"一厘米"就是农户与银行之间距离。注重服务百姓点对点地解决"一分钟"的问题,这"一分钟"就是快审、快批、快放。每一款产品推出以后,兴化农商银行都会安排客户经理向客户做好解释和宣传,重点是走到客户中间,去讲给他们听、指导他们用,解决"不懂""不会"的问题。

巧干、实干的背后是苦干,这主要体现在作风的破阵上面。兴化农商银行在"摔了一个大跤"之后,能够很快地爬起来,跟上来,走在前,主要还在于有一种苦干的精神。但兴化农商银行认为还有很大的距离,这个距离有与先进行的距离,有与江苏省联社的期望距离,有与老百姓美好生活向往的距离。要想缩小这个距离,就必须在速度上比人家更快,在时间上比人家更多付出。于是,你会在兴化农商银行看到一个特别的公式:距离=速度×时间,你会在兴化农商银行看到,周六、日加班是一种习惯,员工加班加点是常有的事情,异地的领导班子成员一年也回不了几趟家。

现在,面对乡村振兴的重任在肩,身处爬坡过坎、越进越难、不进则退、非进不可的关键时期,兴化农商银行响亮地向社会承诺:看兴化企业"兴不兴",就看农商服务"亲不亲";看百姓兜里"鼓不鼓",就看农商行人"苦不苦"。兴化农商银行也向兴化市委、市政府表态,要用农商行人的"辛苦指数"来换取老百姓的"幸福指数"和地方经济的"发展指数"。作为"距离大地最近"的银行,兴化农商银行深深地知道,客户很多时候并不完全看利率,更注重服务的态度和质量。只有自己多辛苦、做到位,才能与老百姓心贴心,得到老百姓的认可与支持,也才能得到政府的充分信任。

巧干、实干、苦干的对立面是官僚主义。老百姓痛恨这个,员工也痛恨这个。这种作风在兴化农商银行几乎是看不到的,这一点给笔者留下的印象尤其深刻。支行的行长会和员工一起拓展客户,而不把自己当领导,用他们的话说"不能员工走访晒太阳,行长屋里吹空调""哪怕买点水喝喝,也是对大家的一种鼓舞"。总行领导更是如此,在疫情期间,协助地方参与抗疫"忙乎"的员工,总会不经意间发现,总行的领导也戴着口罩等防护用品和他们一起工作。

这些举动,说得小一点,是一种管理方式,说得大一点,其实是与官僚主义恰好相反的平民主义。这一点,在层级制下其实是很难做到的,而只要做到,也没有什么解决不了的难题。

从"大平台"到"大舞台"

省级联社是2003年国务院深化农村信用社改革的一个主要的成果,这是基于农信社小法人的实际,在管理体制上做出的重大决策,明确"将农信社的管理交由地方省级政府负责"。由此,省级联社正式走上历史舞台,农信社体系形成了"小法人+大平台"管理体制。

但是,改革不可能一蹴而就,需要用改革的方法解决改革中出现的问题。随着大多数农信社完成股份制改革、组建农商银行,"联合社"首先在名称上就已经名不副实。同时,由于省级联社承担"管理、指导、协调、服务"四项职能,在没有明确权利边界和约束前提下,强化管理常常会成为一种自发趋势,服务功能逐步弱化。这导致省级联社从"娘家人"变成了"紧箍咒",法人行社真正需要的满足不了,满足了的又常常不对"胃口"。国务院及监管部门一再强调省级联社要"淡化行政职能、强化服务职能"。近年来,监管部门按照"一省一策"的原则,推进农信社的进一步改革。于是,各种改革模式陆续推出,如成立省级农商联合银行、省级农商银行,地市级法人机构整合,将农商银行交由地市级政府管理,等等。

其实，不管什么样的改革，都改变不了一个事实，那就是"小法人"真的需要一个"大平台"的赋能。尤其是在县域金融竞争日益激烈、数字科技作用愈加重要的大背景下，这个"赋能"特别重要。江苏省联社是上一轮改革的先行者，其下辖的张家港、江阴等农商银行都是改革的排头兵。因此，江苏省联社对于自身的定位更加清晰，对于"小法人"也更加包容。其系统内的"苏南八家"① 科技系统可以独立（俗称"网外"），就是一个很好的例证。

在这样一个开明包容的"大家庭"中，兴化农商银行得以"茁壮成长"，在一些先行领域，也敢于大胆尝试。在与曹文铭董事长的单独访谈中，他反复强调一个观点，"省联社对我们的帮助是很大的""尤其是战略引领和基础支撑"。汇总他所列举的省联社的诸多"好处"，可以归结为一点：就是江苏省联社的服务转型做得比较好，从管理服务到服务管理的转型，从"大平台"向"大舞台"转变。这两者之间的最大区别就在于，平台提供了一份工作，但你不一定喜欢，而舞台，是你真正热爱的，能让你发光发热。关于江苏省联社的服务转型，可圈可点的地方有许多，笔者仅从对兴化农商银行的了解当中，谈一些粗浅的看法。

首先，服务的理念比较好。江苏省联社是将管理寓于服务当中，而不是像上面所提到的"强化管理常常会成为一种自发趋势"。江苏省联社全力推动农商银行零售转型，并配套健全支农支小纠偏机制、普惠信贷尽职免责机制，明确乡村振兴信贷投放目标，推行大额授信业务主责任人制度等机制。同时，通过指导农商银行优化活期存款利率等方式，降低经营成本；通过考核指标的设置，引导做小做散；通过分层分类的"赛马制"，让同样体量的机构竞争，促进有效的比学赶超。

其次，服务的内容比较好。江苏省联社不仅"管班子"，也注重业务

---

① "苏南八家"是指苏州、太仓、常熟、昆山、张家港、江阴、无锡、江南 8 家农商银行。

发展的全方位赋能，常态化加强与省级部门总对总合作，拓展与各设区市战略合作，推动与省属企业等业务关联机构的全面合作，并加强与省级监管部门汇报沟通。比如，与江苏省自然资源厅合作，全省60家农商行统一接入江苏省不动产登记信息管理基础平台；与江苏省农业农村厅合作，推出"富农易贷"金融支农专属产品；与江苏省政务服务管理办公室合作，推出"农商·苏服办"品牌；与江苏省妇联合作，推出"乡村振兴巾帼贷"产品；与镇江市政府合作，推动"人才贷"产品；与江苏省信保集团合作，由省信保集团组织全省再担保体系内的74家融资性担保公司，由省联社组织辖内60家农商行，共同组建"普惠增信联盟"，合作推出"微企易贷"产品。总体来看，这种合作体现出两大特点：一是全面，二是务实。

再次，服务的方式比较好，能够找到法人行社"做不了""做不好"的痛点、痒点，也能够用比较适合的方式去解决这些痛点、痒点。比如，江苏省联社不同条线常态化推动法人行社的经验共享，让"更优秀的机构带领优秀的机构"。又比如，江苏省联社的科技、产品等多个条线的服务队工作做法也很有特色，在不同区域，会根据工作领域不同，设置一个团队长，一个团队三四个人，针对日常工作和沟通中的"小Bug（错误）"，进行及时清理，并定期反馈给区域内的董事长。

最后，服务的支撑做得比较好。这方面的支撑涉及非常广泛，几乎涵盖了诸如法律、税务等内外部和经营管理的方方面面。比如，在兴化农商银行的数字银行转型过程中，江苏省联社大数据平台的内外部数据和业务场景，为兴化农商银行的客户拓展、经营决策、风险防控、内部管理等方面提供了全面有力的支撑。在技术突破方面，基于江苏省联社大数据平台技术优势，完成了兴化农商银行大数据应用平台搭建，解决了硬件拓展、数据库性能、数据实时性、数据处理能力等一系列难题。在成本投入方面，节约了运营、维护等费用约 400 万元。

概而言之，"大平台"是农商银行这类地方性小银行的"刚需"，其改革的意义不在于"要不要"，也不在于改成什么名字，而在于"怎么更好地服务"。兴化农商银行之所以各方面发展得都比较好，之所以服务乡村振兴走得比较靠前，都与江苏省联社的服务转型是分不开的。而服务或是"大平台"的核心要义所在。

第 3 节 "为了谁"：一家有温度的银行

银行的本质是什么？从不同的角度会给出不同的答案。兴化农商银行给出的答案是：银行的本质是服务。这种服务既可以是金融的，也可以是非金融的，但都是便利和实惠于客户的。兴化农商银行认为，真正的客户价值时代已然来临。这源于市场竞争的实际需要，更源于对自身的重新认识。而要真正服务好客户，仅有以客户为中心的理念是不够的，还要落实到以客户为核心的支撑体系上，将"有使命""有担当"体现到"有温度"上面，从管理客户转变为经营客户，进而实现从"利差红利"到"客户红利"的转型。

客户价值时代来临

《为人民服务》是毛泽东同志于 1944 年 9 月 8 日在张思德同志追悼会上的演讲稿。后来，"为人民服务"成为党的宗旨。1990 年 3 月 3 日，邓小平同志指出："中国社会主义农业的改革和发展，从长远的观点看，要有两个飞跃。第一个飞跃，是废除人民公社，实行家庭联产承包为主的责任制。这是一个很大的前进，要长期坚持不变。第二个飞跃，是适应科学种田和生产社会化的需要，发展适度规模经营，发展集体经济。"① 习近平同志在2021年党史学习教育动员大会上指出，"江山就是人民，人民就是江山"。

农信社从创立到如今改制成为农商银行，一路走来，都是在党的领导下开展着农村金融工作。因此，从地方性银行的角度来理解三位领导人的讲话精神实质，就是为客户服务，为农户服务，为集体经济组织服务，就是将商业性优先调整为人民性优先，就是回归本源、回归本土、回归客户。最终，将党的初心体现在更加全面的银行服务上面。

兴化农商银行从过去的普惠金融，到现在的大普惠模式，其实就是上述精神的"兴化农村金融表现"。更为可贵的是，兴化农商银行实现了从以客户为中心到以客户为核心的全新而务实的转变。一个是中心，一个是核心，这其中有什么区别或者奥秘吗？主要是将以客户为中心的理念，转变为以客户为核心的支撑体系。也就是说，将理念变成了规则与行动体系。

无论是贯彻政治精神的需要，还是银行自身经营的需要，回归客户是正道直行。这种判断主要源于三个方面。政治方面，"以人民为中心的发展思想"成为新的治国方针，国家层面更加强调发展的高质量，监管政策在消费者权益保护方面明显加大了力度。经济方面，多元的市场竞争，让客户有了更多的选择权、议价权。技术方面，科技的进步让客户可以在手机屏幕上"弹指一挥间"完成各类金融服务的即时转换。由此，客户再不是过去无法与银行集体"抗衡"的个体，而是"走到了舞台的中央"。

客观地讲，银行过去虽然总是讲以客户为中心，但实际上更多还是以自身为中心。这其实是无可厚非的。简单地来看，银行的贷款放出去，如果不以自身为中心，损失是需要银行自身来承担的。那么，银行怎么才能实现真正的以客户为中心呢？

---

① 摘录自《邓小平文选》第三卷，人民出版社1993年10月版，第355页。

在笔者看来,至少有两条路可选:一条路是发展财富管理业务,因为财富管理的损失是客户的,如果银行做不到以客户为中心,客户最终一定会抛弃这家银行;另一条路就是要建立起以客户为中心理念的支撑体系,让理念固化在管理规则和发展体系当中。在不具备产品、人才等条件发展财富管理的情况下,兴化农商银行选择的是后者。

以客户为核心

兴化农商银行以客户为中心的理念支撑体系,主要是构建和实施了以客户为核心的一整套经营管理制度和行动。这种选择,是基于立行初心的重新反思得出的结果,也是对于发展形势的理性判断。恰如上文所述,在他们看来,一个真正属于客户的时代已经来临。

在这样一个属于客户的崭新时代,也迫切需要银行做出崭新的改变,甚至是根本性的变革。兴化农商银行从客户特别是三类客户(个体工商户、新型农业经营主体小微企业)这一核心出发,由内而外,层层叠加,形成了一切围绕客户来开展工作的体系。内核是客户,外围是银行服务,中间的连接是价值。这个价值是层层递进的,包括业务价值、功能价值、社会价值三个层面,并将乡村振兴的"五大振兴"植入其中(见图2-3)。

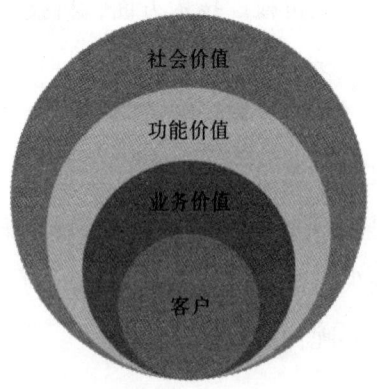

图2-3 兴化农商银行以客户为核心的支撑体系简图

业务价值是存贷款等业务的直接体现，主要解决"产业振兴"的金融服务问题，功能价值是地方性银行的金融功能最大化发挥，主要解决"人才振兴""组织振兴"的问题，社会价值是企业社会责任的承担，主要解决"文化振兴""生态振兴"的问题。以此，通过客户这个核心，链接多方资源，推动地方实现"产业兴旺、生态宜居、乡风文明、治理有效、生活富裕"的乡村振兴20字方针。

这个客户价值体系的划分，与许多银行从客户资产、客户利润贡献度等角度的划分做法不同，体现出两个非常明显的特点。第一，不是针对单一客户个体，而是将客户摆到社会体系当中，在做好单一客户个体服务的同时，做好各类客户的全面赋能。第二，是从单向价值输入转变双向价值互动，不仅仅强调客户给银行的贡献，同时也强调银行给客户的贡献。

这种做法，其本质上是在建设一座"客户大厦"。首先，是投入巨资和巨大精力争取当地社保卡，以此作为"客户大厦"的基础。其次，采取"五全大零售"来搭建"客户大厦"的"四梁八柱"。再次，通过场景建设、互动活动等方式，创设"客户大厦"的功能区。最后，针对不同位置的客户，提供针对个体和集体的不同服务。

配套这个体系，在指标设置方面也在做出一些调整，逐步减少或者弱化银行角度的短期指标，如市场份额、存贷款规模等利益性指标，更加注重客户忠诚度、社会贡献度等价值性指标，并在绩效考核、干部提拔等方面做了相应的权重调整，实现了从重"量"到更加重"质"的转变。

由此，你会在兴化农商银行的数据方面看到一些显著的变化，市场份额近年来增加不大，甚至还有点萎缩，但客户的获取和留存大幅度增加，客户活跃度明显增大，客户流失率明显减少。仅以社保卡客户为例，到2022年末，社保卡发卡1362724户，激活937688张，社保卡客户卡存款712425.57万元，占全行各类银行存款的86.48%。这种变化，其实是兴化农商银行的"刻意而为",也是他们所期待的。市场份额等规模性指标,在占据40%左右市场份额、稳居"头把交椅"的情况下,再想突破其实是不符合实际的,是有着"天花板"的。客户的价值是无限的,既可以是经济价值,也可以是社会价值。这才是从规模性增长到高质量发展的关键所在。

"懂你想要的、给你最好的"

服务是银行业的永恒主题。在科技迅猛发展的今天,好多银行业务已经迁移到自助机具、互联网、手机上,由此,去网点化、去人工化的论调此起彼伏。兴化农商银行认为,对于县域来说,科技只是提升了服务效率,并没有改变服务的本质。

服务好客户的前提是懂得客户的真实需求,而不仅仅是过去的各类文明规范创建活动,也不仅仅是柜面服务、信贷服务,而是要做到"懂你想要的、给你最好的"。地方性银行面对的客户差异性比较大,除了少部分各行都在争夺的头部客户,大量的客户是"赔本"的。《客户终身价值——企业持久利润的源泉》[①] 中讲到,"20 世纪 90 年代早期,一般的(美国)银行客户中,30% 是能给银行带来利润的,也就是说,70% 的客户没有价值""在很多情况下,市场份额和收入的增长也许是错误的衡量成功的指标"。根据笔者多年的观察,时至今日的国内地方性银行,可能连这个标准都达不到,大概是不到 10% 的客户能给银行带来利润。

对于这些"赔本"的客户,要不要服务?怎么服务?是服务不到位,还是没有找到其真实的需求?没有找到真实的需求,就很难充分发掘出价值。事实上,广大的农村客户群体,可能连其自身也说不清楚有哪些需

---

① [美] 苏尼尔·古普塔,唐纳德·R. 莱曼著,中国工信出版集团、电子工业出版社 2015 年 9 月出版。

求，这就需要一个客户教育的过程。

客户教育本质上是一个伪命题，因为客户是需要适应的，而不是用来教育的，也是教育不过来的。由此，兴化农商银行"换思维""变方式"，自创了一套基于客户价值的经营体系。这个体系针对客户贡献的价值和客户获得的价值两个维度，分别采取"挖掘""回馈""调节""维护"等策略进行动态平衡，不断增强与客户价值的双向互动。以此，来实现需求挖掘与价值实现的"齐步走"（见图2-4）。

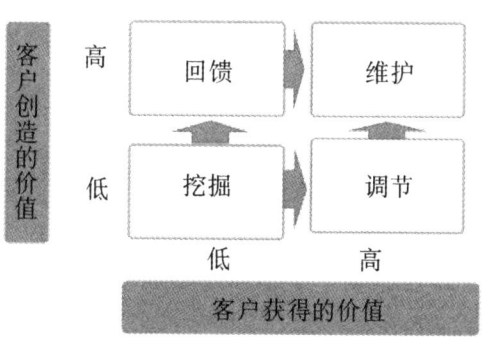

图2-4　客户价值关系图

对于客户创造价值和客户获得价值都低的客户，主要通过"挖掘"的手段，不断挖掘这两个方面的价值，将睡眠客户转变为活跃客户，将临界客户提升为贡献客户，以此实现银行所需要的价值和客户所获得的价值都高的目标。对于客户创造的价值，不是越高越好，而是适合为好，达到一定贡献值，就要通过"回馈"的方式，让客户有获得感。对于客户获得的价值，也是同样的道理，不能越高越好，而是通过调节的方式，将其转化为银行价值客户。最终，通过常态化的维护，在银行所需价值和客户获得价值之间寻求平衡，将客户经营成为忠诚客户。

客户忠诚是银行高质量发展的核心内涵，也是实实在在的收益。其效果主要体现在两个方面：一是增效，二是降本。根据有关权威资料统计，客户忠诚度每提升5%，利润就会增加25%—85%，且一个忠诚客户平均会向5个人推荐。新开发客户成本是维系老客户的5—6倍，新客户利润贡献具有滞后性，第一次销售成本是第二次销售成本的5—10倍，银行必须等到客户第三次购买才开始获利。

可见，这种客户经营的做法，本质上是在做一件长期事业，而不是短期的"买卖"。从纵向上看，是在追求客户的终身价值，围绕着客户的生命周期做全方位的服务。从横向上看，是在追求客户的综合价值，其不断推动增户扩面、提质增效、交叉销售、裂变营销等工作，就是在不断放大这种综合效应。经营客户不仅仅是一种理念，而是一种实实在在的经营方法。兴化农商银行的经验是：第一，不能在利率上盯效益；第二，不能算自己的账，要融入社会；第三，不能算短期账，要算长远账、算大账。

"地方性银行要从服务客户到经营客户转型，主要看银行与客户感情有多深，是情人还是爱人关系，核心是信任度的问题。一定不能把利润作为衡量这种关系的唯一尺子，就好比衡量一个家庭的幸福，不能仅仅用钱来衡量一样。""地方性银行服务小微客户，要有做父母的理念，从小支持到大，培养孩子，到了长大了、成家了，不要舍不得，要有这种格局，重点是解决好这一期间的职责。""地方性银行只比大行高10%的利率，大行是竞争不过我们的，因为有感情因素，这就是感情的价值，经营客户就是经营感情。"在兴化农商银行访谈中得到的这些观点，朴实无华，却管用好使有效果。这是长期在一线做实际业务得出的结论，只有干农村金融工作的人才能深刻理解，才能引起深深的共鸣。

"认识你自己"是兴化农商银行大普惠模式的逻辑起点。用老百姓的大白话说，就是你是什么人，就干什么事儿，你在什么阶段，就干什么阶段的事儿。通过充分地"认识自己",兴化农商银行找准了自身的普惠定位,厘清了金融手段和普惠目的之间的关系,放大了普惠视野,进而在难而正确的道路上坚定不移地走下去。

这种思维反思的方式,对于当下地方性银行的市场竞争和经营管理具有非常现实的参考意义。随着县域不断涌入各类市场主体和银行进入低利率时代,县域已经不再是地方性银行"一行独大",过去依靠吃利差就能过得很好的日子已经一去不复返了。地方性银行只有从心底里搞清楚"为了谁"这个根本命题,才能应对严峻的各类挑战。在兴化农商银行看来,"打到最后看客户",每家银行都说以客户为中心,都在为客户服务,但"客户不是你想服务就能服务的",只有在银行和客户之间做好价值的平衡,只有真正做到"懂你想要的、给你最好的",才能争取到服务的机会,也才能在争取服务与自身可持续发展之间做好平衡。

"为兴化人民谋幸福、为地方经济谋发展",这是兴化农商银行的庄严承诺。这种承诺的背后,是兴化农商银行有使命、有担当、有温度的核心理念的支撑。而这种理念支撑的背后逻辑,又是兴化农商银行正确地回答了"我是谁""依靠谁""为了谁"这个根本命题。其奥秘就在于"三颗心",即拥有一颗为党工作的"红心",将员工作为链接银行与客户的"轴心"和以客户为"核心",以此搭建经营和管理体系。这恰是开闸放水原理,思想打开了通道,业务自然倾泻而出,成就出兴化农商银行今日的大气象。

第 3 章 "党建+"的伟力

厘清了手段与目的之间的关系之后,实现大普惠模式首先要面临的是"怎么实现""怎么把好事办实"的问题。这就需要从资源整合、基础夯实、能力提升等角度全面布局。而承接使命、体现担当、彰显温度,也需要通过战略落地来体现成果。兴化农商银行的做法是,通过三大战略工程的方式来推动。其中,党建引领战略工程突出一个"高"的特征,旨在发挥党领导一切的体制优势,通过高维度的顶层设计与对接推动,以实现乡村振兴为共同愿景,促进党委、政府、银行、社会各个方面的资源整合、力量聚合、优势组合,由此体现出"党建+"的实用价值和核心作用。

这是一种非常符合实际的做法,如果单纯从商业的角度看待乡村振兴,是存在银行的商业性与政策的公益性之间的矛盾的。但是,如果从党建的角度看待乡村振兴,则是不同主体的共同愿景使命。由此,党建引领既是一种顶层牵引力,还是一个非常好的切入口,以此可以实现不同资源的有效整合,形成"1+1>2"的整合效应。

第 1 节 乡村振兴是最大的普惠

按照兴化农商银行的大普惠理念,乡村振兴是集大成者。乡村振兴是从目的出发的普惠,而不仅仅是金融手段角度的普惠。作为一家地方性银行，如何延续过去"支农支小金融主力军"的光荣传统，在乡村振兴中继续发挥主力军的作用，如何破解乡村振兴中的新难题，是兴化农商银行重点思考的问题，其给出的解决之策是：假设—立题—破题"三步法"。

假设是因为乡村振兴中许多工作是探索性的，没有现成案例可供借鉴。这种假设不是想象出来的，而是建立在扎实的调研基础上的。假设之后，要找到关键的问题，把这道题目给"立"起来。立题的目的是破题，破题的方式是主义不变、形式不拘，在探索中前行，在总结中提升。基于这种方法，兴化农商银行在服务乡村振兴中，首先将破题之法放在了组织建设上，以此为统筹，进而带动其他方面的工作有效展开。

乡村振兴金融党委

《中华人民共和国乡村振兴促进法》中提出，培育新产业、新业态、新模式和新型农业经营主体，促进小农户和现代农业发展有机衔接。可见，乡村振兴承担着传统小农经济向现代农业过渡的重大使命。在这个"过渡时期"，面临的挑战是全新的，需要解决的问题是全面的，靠短期的、完全商业的方式是很难解决的。

兴化市委、市政府精准地看到这个问题所在，专门设立了中共兴化市乡村振兴金融服务委员会，简称"乡村振兴金融党委"，并按照"一引领双孵化三平台"①的方式进行运作。乡村振兴金融党委是一个功能性的组织，接受市委组织部的业务指导。所谓功能性，就是不承担发展党员等职责，重点是体现功能性。乡村振兴金融党委主要承担五项责任：抓好组织建设、促进乡村振兴、服务实体经济、培育乡土人才、助力公益事业，主要功能就是整合金融力量来更好地服务乡村振兴。

---

① "一引领"，即强化党建引领；"双孵化"，即加强对重点村联合党组织的培育孵化和对重点项目的培育孵化；"三平台"，即积极搭建教育培训、沟通交流、公益共享三大平台。

尤其值得点赞的是，乡村振兴金融党委书记由兴化农商银行党委书记、董事长兼任，副书记由市委农办主任、市农业农村局党组书记、局长、市乡村振兴局局长和市委党建办副主任兼任，成员包括市财政局、市科技局、市地方金融监管局、地方财政担保公司等领导。可以看出，这是以乡村振兴金融党委为抓手，并通过人事安排、机制建设等方式，形成了以兴化农商银行为总统筹、各方参与的金融服务乡村振兴组织模式。

兴化农商银行以乡村振兴金融党委为依托，围绕乡村振兴的各个堵点、难点，在自身努力的同时，联动多方资源一起发力。与人民银行开展"阳光征信惠农"工程；与市农业农村局开展"全市农户小额普惠信用贷款推广工作"；与市财政局联合推出"富民创业贷"贴息产品；与省农担公司推出农担系列产品；携手人保财险公司，推出"农保e贷"产品；利用省联社商城，将当地农副产品上架"E路有我"展销平台。由此，形成了"生产有资金、贷款有贴息、担保有杠杆、遇灾有保障、产品有销路"的金融支持链条。

可以看出，乡村振兴金融党委其实是建设乡村振兴的联盟组织，将各方资源组织整合在乡村振兴这个共同愿景下面，针对乡村振兴中的实际困难，一并会商金融解决方案，充分发挥了沟通、协商、办事的平台作用。这种模式是正确的。有了这种组织层面的核心发动，各种好的想法和实的做法，也就自然生发出来了。

"反向挂职"

干部挂职是在不改变行政关系的前提下，委以具体的职务到其他地方来培养锻炼的一种临时性任职行为。一般来说，主要是行政机关开展的一项干部管理方式。但是，在兴化，笔者看到了兴化农商银行"反向挂职"的管理方式。不是政府挂职银行，而是银行挂职政府。

这种"反向挂职"主要是按照乡村振兴的要求，将兴化农商银行的干部员工委派到政府部门、乡镇、村委挂职的行为。截至目前，兴化农商银行共有2名干部挂职市政府部门。兴化市人民政府2022年11号文件显示，倪晓荣任兴化市科学技术局副局长，任国磊任兴化市农业农村局副局长，两人都是挂职一年时间。倪晓荣是兴化农商银行的首席信息官，兼数字银行中心主任；任国磊原先是普惠金融部总经理，现在担任戴南支行行长。此外，有6家支行负责人挂职所在乡镇副镇长，20家支行负责人挂职所在乡镇农业农村局副局长，146名客户经理挂职所在村（社区）金融助理，26名青年骨干挂职乡镇（街道）团委副书记。

这些挂职的干部员工，不是挂虚职，也不是走形式，而是真实履行职务的，主要是参与挂职机构的有关会议，协助挂职机构解决实际问题。用他们的话说，"过去是地方政府有了项目找银行，现在银行还要帮着政府找项目"。下面通过一个真实的案例，来感受一下这种履职过程。

沈伦镇地处兴化南部，大部分村集体"资金源"匮乏、"造血"功能不足。沈伦支行行长张乐挂职沈伦镇副镇长后，在参加某次项目研究专题会议上，针对建冷库需求量不大、投挖机容易闲置等情况，提议建标准厂房，并得到与会者的一致肯定。

随后，张乐与镇相关领导共同到工业园走访调研，了解相关情况。通过一系列的实地考察，大家都信心满满。于是，张乐提议，可以请总行领导过来一起商量一下。

第二天，曹文铭董事长和张永军副书记便带着相关部室的负责人赶到了沈伦镇。双方共同商量如何将这个项目落实落地，真正促动村级集体收入提升。最终达成一致：在乡村振兴金融党委指导下，筹建沈伦美丽乡村建设有限公司，发放"兴村易贷"定制产品，用来支持标准厂房项目。

会后，曹文铭董事长特别叮嘱张乐："你现在不仅仅是支行行长的身份，更是沈伦镇的副镇长，对于项目后续的推进工作，你要提高自己的站位。"

再后来，张乐跑市里、跑总行、跑镇里、跑村里，报送材料、沟通联络、汇报进展……在短短的一个月里完成了相关手续。目前，标准厂房项目占地11.18亩，总计5664.8平方米，由10个村共同投资建设，已有3家企业入驻，预计每年可获得80万元租金收益。

可以看出，兴化农商银行的干部"反向挂职"，至少具有三个特点：第一，覆盖面大，基本上覆盖了乡村振兴主要的职能部门和落实机构；第二，挂职种类多，既有市政府组成部门、所辖乡镇的副职，也有乡镇组成机构的副职、团委副职，也有村委的助理；第三，挂职作用实，不仅仅是干部锻炼、加强沟通，而是要实实在在地解决实际问题。

由此，可能许多人第一时间会想到，这种方式对于银行争取党委支持、争取政府资源，进而完成银行指标任务是很有帮助的。从实际情况来看，其实质已经远远超越了这一层认识，兴化农商银行把金融服务乡村振兴变成了自己的主业，而政府也把兴化农商银行变成"自己人"，一起扛起了乡村振兴的共同责任。

"三级共建"

除了乡村振兴金融党委这个核心组织，兴化农商银行党委还与各级政府、各个部门、各类组织广泛开展"三级共建"活动，其目的就在于动员和整合更多的社会力量，参与到乡村振兴大业中来。

所谓"三级共建"，就是党委合作共建、支部协同共建、党员互助共建的模式。通过党建共建的模式，从大普惠的角度，与更多的机构一起促进乡村振兴。从表3-1可以看出，仅2022年前11个月，兴化农商银行就开展党建共建19场，涉及22个组织，涵盖战略合作、产品推广等多项内容。

第3章 "党建+"的伟力

表3-1 兴化农商银行2022年党建共建工作合账

序号	单位	性质	场次	名称	时间	地点	成果
1	市政协	政府部门	1	同心抗疫 携手同行 抗疫金融产品"协商成果暨"三大抗疫产品"发布会	4-15	总行3楼报告厅	三大抗疫产品、12条暖企政策
2	科技局	政府部门	2	同心抗疫 科技赋能 党建共建暨科技积分贷产品发布会	4-29	总行3楼报告厅	积分贷
3	千垛镇	地方政府	3	送政策 强信心 促发展	5-14	千垛镇镇政府报告厅	签订战略合作协议
4	戴南镇	地方政府	4	党建共建 助企共兴 金融助企乡镇行	5-21	戴南镇文化中心	签订战略合作协议
5	供销合作总社	事业单位	5	党建共建 乡村振兴共发力	5-30	总行3楼报告厅	签订战略合作协议
6	安丰镇	地方政府	6	政银携手 暖企惠民 金融服务合陈行	6-1	合陈镇镇政府报告厅	签订战略合作协议
7	合陈镇	地方政府	7	政银携手 暖企惠民 金融服务周庄行	6-13	周庄镇镇政府报告厅	签订战略合作协议
8	周庄镇	同业	8	党建共建谱发展 银银携手聚合力	6-14	农发行	签订战略合作协议
9	农发行	地方政府	9	政银携手 暖企惠民 金融服务中堡行	6-27	中堡镇政府二楼会议室	签订战略合作协议
10	中堡镇	政府部门	10	助企惠民保发展	6-30	总行3楼报告厅	新市民e贷
11	人力资源和社会保障局	政府部门					
12	市场监督管理局	地方政府	11	政银携手 暖企惠民 金融服务戴窑行	7-18	戴窑镇镇政府报告厅	签订战略合作协议
13	戴窑镇						

大普惠 >>>>
地方性银行服务乡村振兴的兴化模式

续表

序号	单位	性质	场次	名称	时间	地点	成果
14	市消防大队	消防机构	12	兴化市消防大队 党建共建活动	8–5	市消防大队	签订战略合作协议
15	大垛镇	地方政府	13	政银携手 助企共兴 金融服务大垛行	8–30	大垛镇政府报告厅	签订战略合作协议
16	荻垛镇	地方政府	14	政银携手 助企共兴 金融服务荻垛行	8–31	荻垛镇政府报告厅	签订战略合作协议
17	海南镇	地方政府	15	优化营商环境 激发市场活力 政银携手金融服务海南行	9–17	海南镇政府报告厅	签订战略合作协议
18	钓鱼镇	地方政府	16	优化营商环境 激发市场活力 政银携手金融服务钓鱼行	9–21	钓鱼镇政府报告厅	签订战略合作协议
19	兴东镇	地方政府	17	优化营商环境 激发市场活力 政银携手金融服务兴东行	9–23	兴东镇政府报告厅	签订战略合作协议
20	市人大机关	政府部门	18	党建携手助民生 共兴共富创未来	9–29	总行3楼报告厅	捐赠80万元用于儿童公益
21	自然资源规划局	政府部门	19	贯彻党的二十大精神 永远跟党走	11–16	总行3楼报告厅	签订战略合作协议
22	陶庄镇	地方政府					

在本书访谈的过程中，恰逢陶庄镇开展党建共建活动，笔者观摩了整个过程，现将一些印象深刻的节点进行现场还原。参加会议的是乡村振兴金融党委的相关机构负责人，以及陶庄镇及美丽乡村建设公司。会议的内容可以概括为"上下结合"，"上"是一起学习党的二十大精神，"下"是聚焦解决实际问题。会议过程比较精练，主要是签订结对共建协议，现场为陶庄镇的美丽乡村建设公司授信450万元。期间，还专门安排了兴化农商银行共兴金融文化展示。兴化市委常委、组织部部长刘洪的评价是：这次活动既是贯彻落实普惠金融政策、推动党建引领、乡村振兴、政银互动的积极实践，也是助力兴化营商环境打造、树立服务为民意识的生动实践。

可以看出，"三级共建"是将理论学习成果转化为实践效果的一个"转换器"，是将党的领导优势转换为发展优势的一个"增压器"。"三级共建"最终体现到多种党建联盟行动上来，这是一个集众智聚众力的集体行动，关键词是在"行动"二字上面。行动是最有力的宣言，也是最有效的担当。其最大的贡献，在于将金融的社会性转化为社会各界的行动一致性，变"杠杆撬动"为"愿景驱动"。由此，党的领导体制"红利"得到充分释放，成为看得见、摸得着、感觉得到的发展新动能。

混沌大学认为："真正决定企业未来发展方向的是价值网，而非管理者，管理者不过是扮演了一个象征性的角色而已。"兴化农商银行将各类资源有效整合、将各方力量动员起来，这种"价值网"是任何银行都无法撼动的。而这种"整合"与"动员"的力量，来源于乡村振兴不仅是兴化农商银行的美好愿景，也是社会各界的美好愿景。大家在这种"共同愿景"的感召下，因为相信而看见，不是因为看见而相信。这一前一后的次序调整，爆发出强大的执行能量和信仰力量。

第 2 节　从做法到模式

金融服务乡村振兴之所以难有成熟之举，一个重要的原因就在于区域性差异比较大。一个地方所面临的难题可能在别的地方就"不是事儿"，而别的地方的成功的做法往往在当地就不好推广。唯有紧密契合当地实际做出探索者，方能取得"真经"。兴化农商银行就是这样一个求取"真经"的"朝圣者"，其在乡村振兴中的许多举措，都是基于实际的求索。这恰如《理论的终结》①中所写的："不是'要推翻一个旧理论，需要提出一个新理论'，而是需要另起炉灶，从重构现实的角度对待所面临的和正在发生的事情。"

兴化市是传统农业大市，新的大项目、大产业并不多，两类普惠信贷（农户小额信贷、1000万元以下经营性贷款）和村级集体经济组织是主体部分。兴化农商银行首先是做实农户小额贷款和1000万元以下经营性贷款，实现农户小额信贷预授信全域覆盖，1000万元以下经营性贷款占据全市2/3的市场份额。在此基础上，将集体经济组织发展作为重点发力方向。但是，这是一个需要集合众力和众智才能产生更好效果的事业。兴化农商银行将自身拥有的金融资源融入兴化市的政府资源、组织资源等资源体系当中，形成了一幅你中有我、我中有你的"太极图"。"阳"是地方力量，"阴"是金融活水，共同推动大普惠模式落地生根、开花结果。

化债—脱贫—共富

相比于有的地方村级集体经济组织的产业项目成果多、政府奖补多等

---

① ［美］理查德·布克斯塔伯著，中信出版集团2016年1月出版。

情况，兴化市的村级集体经济组织可以说是有"面子"无"里子"，村级债务又整体比较高，而且上级部门下达了村级集体经济不允许再负债的硬性要求。从这两个客观实际出发，兴化市委、市政府和兴化农商银行"联手"，趟出了一条化债—脱贫—共富的新路子。

首先是"化债"。这面临着存量与增量两个方面的挑战。针对存量问题，主要采取了"两手抓"的策略。一手抓"腾笼换鸟"。兴化市政府将所有村级债务"扎口"到农业农村局管理，兴化农商银行开发"惠村融资贷"，置换原有存量债务，用低利率的贷款去置换高利率的负债，财政兜底处置，全额承担风险。另一手抓债务压降。兴化市以乡镇为单位，制订每年压降计划，将管理责任压实到各个镇政府。如果压降不到位，从市财政返乡费用直接扣除，保证及时到位。

针对解决增量的问题，首先要跨过脱贫攻坚这道"关"。兴化农商银行在完成兴化市分配的指定帮扶任务的同时，按照"授之以鱼不如授之以渔"的理念，将发展新型集体经济组织列为最迫切、最关键的抓手，以此来实现从扶贫到"扶"未来的跨越。怎样在不增加负债的情况下，还能发展集体经济组织？怎样在扶贫的同时，还能"扶"未来？他们创造性地构想并实践了美丽乡村建设公司方式。

这里，有一个背景要交代一下。江苏泰州市委专门明确了发展村级集体经济组织目标，简称"8420"目标[①]，并配套相应的考核办法，要求抓村集体经济发展目标，镇党委书记负主体责任、村支部书记负直接责任，把村级集体经济发展的成效作为村书记"进班子、变身份、升级别、提待遇"的依据。

以此为契机，美丽乡村建设公司成为兴化市完成泰州市村级集体经济

---

① 到"十四五"期末，集体经营性收入50万元以上村占比80%以上、100万元以上村占比40%以上、200万元以上村占比20%以上、30万元以下村全部动态清零。

发展的主要载体之一，由兴化市委组织部负责推进美丽乡村建设公司的成立和运作，由兴化市农业农村局负责设立指导和立项申请受理、评估核定和全程监督，由各乡镇承担设立主要责任和项目管理的政治责任，由各个村级集体经济组织入股，采取市场化运行模式，由地方金融监督管理局、财政局、审计局根据各自职责范围进行服务和监督，由兴化农商银行和地方财政担保公司合作提供融资方案，解决"钱从哪里来"的问题。

也就是说，在做好农户、小微企业等普惠客群的金融服务基础上，兴化农商银行通过乡村振兴金融党委的牵头抓总，以美丽乡村建设公司为"突破口"，要啃下集体经济组织发展的这根"硬骨头"。啃下这根"硬骨头"，已经超越了金融的范畴，也超越了传统的普惠意义，成为共同富裕的主要抓手。

放眼全国范围，集体经济组织发展的模式有许多，成功者也不在少数。但这种由地方性银行来主导乡村振兴金融党委、由乡村振兴金融党委来推动集体经济组织发展的模式，应该是独此一家。

美丽乡村建设公司

如果把兴化市的集体经济组织发展比作是在织锦绣花，那么这个"针眼儿"就是美丽乡村建设公司。这个公司不是一般意义上的公司，这是地方政府主推、完全按照市场化、商业化运作的公司，其存在的意义，不单单是为了盈利，而是承载着"好村带差村"和带领大伙儿共同富裕的光荣使命。

如前文所述，美丽乡村建设公司的设立，是在地方党委、政府的推动下，结合地方实际而设立的。乡镇党委书记、村委书记都肩负重大责任。这种推动，更多的是一种引领和赋能，而不是"直接上手干"。那么，怎么设立？设立什么项目？如何推动？这些就成为能否成功的关键。但是，每一个乡镇、村委的情况各有差异,且信息来源相对单一,带头人和相对成熟的项目都比较难找。

在这种情况下,"钱"就成了首要问题。只有具备充足的资金,才能"招兵买马""开疆拓土"。但是,按照银行传统的信贷管理办法来做,可能一个也做不了,必须等到项目成熟了再来参与。一边是项目启动"等米下锅",一边是要看到"瓜熟蒂落",这就是一个矛盾。兴化农商银行服务村级集体经济组织的"创造性"就显示在了这里。通过图3-1,我们来解析一下美丽乡村建设公司的运行机制。

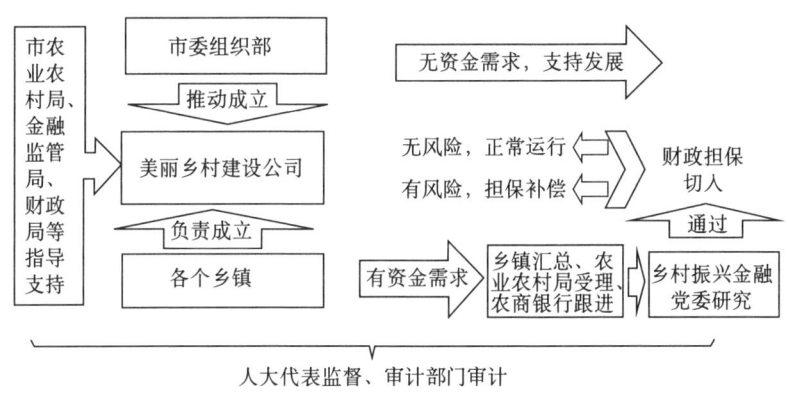

图3-1 美丽乡村建设公司运行机制图

可以看出,围绕美丽乡村建设公司,有兴化市委组织部的推动成立,有兴化市农业农村局、地方金融监管局、财政局等部门的指导支持,有各个乡镇党委政府的具体负责。

在设立之后,需要根据是否有资金需求进行双线运行。对于无资金需求的,兴化农商银行的挂职干部要跟进服务,支持发展;对于有资金需求的,由乡镇汇总,兴化市农业农村局受理,兴化农商银行跟进服务,做好前期调研。经过乡村振兴金融党委研究后,给予金融支持。其中,乡村振兴金融党委研究的主要内容是:对美丽乡村建设公司项目融资进行审批表决，对三方专家就美丽乡村建设公司项目立项、建设、运营、融资、验收、贴息、风险责任的评估报告进行审议讨论，提出合理要求建议，协调美丽乡村建设公司的金融服务。由于乡村振兴金融党委集中了多个主要参与方，可以全面、快速、专业地做出决策。

由此可见，美丽乡村建设公司的设立与运转，全程都有兴化农商银行的金融支持植入，乡村振兴金融党委负责整合资源，兴化农商银行和其他机构负责资金支持。这是一种"从出生前"就开始介入、全生命周期融合的模式，而不仅仅是简单的银企业务合作模式。这种"一手抓项目培育、一手抓金融支持"的靠前参与、全程陪伴、荣辱与共的做法，才是兴化农商银行金融服务乡村振兴的真谛。

不是产品的产品

产品是银行与客户的连接点。兴化农商银行的产品创设与普惠金融的迭代紧密关联。在"普惠金融1.0"阶段，重在产品数量，以期实现"总有一款适合你"的效果，先后推出了"八宝十三通"合计59款产品。在"普惠金融2.0"阶段，重在产品质量，通过产品整合优化，从产品全系列向需求全满足转变，重点打造了"阳光e贷"等拳头产品，其"野心"是客户只需要提出贷款需求，就能把产品进行内部组合智能配给。其中的变化在于从银行视角转向客户视角，从"我给什么"到"你要什么"的转变。这种"野心"的支撑在于扎实的线下走访与高效的线上反应能力。在"普惠金融3.0"阶段，重在产品创新。这个创新才是真正意义上的创新，不是传统的一套逻辑换个名称式的创新，而是在产品逻辑基础上的解决方案供给。

乡村振兴中的银行产品设计有两个主要的基点。一是大多数乡村振兴参与主体是少有所有权的，却多有经营权、承包权等权利；二是农业的风险属性、关联属性等特征明显。由此，决定了银行产品设计要多从权利角度考虑，并重视联动更多方面的参与和助力。基于这样的认识，兴化农商银行先后推出了"碳排放权""水面承包经营权"等质押贷款，联合人保财险公司推出"农保e贷"等产品体系。这种产品创新现在来看是一种创新，从长远来看，可能会成为一种常态，兴化农商银行无疑是在引领这一领域产品创新的风气之先。

如果按照银行贷款产品的原理设计产品，在农村有两类客户是没法做的：一是农村致富带头人，二是美丽乡村建设公司。而这两类客户恰恰是乡村振兴的"两个关键"，兴化农商银行分别设计了"兴锋e贷"和"兴村易贷"两款产品来抓住"两个关键"，以此促进富民与强村。

先来说"兴锋e贷"，这是针对农村致富带头人的一款产品。这部分客群大部分是村里面的干部或者某一方面的能人，在一个村子里威望很高，号召力很大，标杆性很强。他们不仅是大家致富的带头人、创业的引领者，而且还是各家银行争夺的重点对象。只有服务好这部分客群，充分满足他们的贷款需求，才能将更多人引上致富路的同时，避免"掐尖"现象变成大概率事件。兴化农商银行的服务方式并不"新鲜"，就是在多"走动"的同时，在额度上放大，在利率上优惠。用某些理论的说法，这种"走动"是高成本的，这种"突破"是要担风险的。而在兴化农商银行的语境里，是没有这些"概念"的，账是不能这样算的，因为这不仅仅是业务，还是生存的保障。其他银行可以尽心尽力，兴化农商银行则是全力以赴，这就像猎狗追赶兔子的故事一样，猎狗尽职就完成了任务，而兔子必须倾尽全力才能保得住性命。

如果说"兴锋e贷"只是做了一些产品要素的"突破"，那么，"兴村易贷"则是"披着产品外衣"的针对美丽乡村建设公司融资的一套解决方案（见表3-2）。

表 3-2　　　　　　　　　　"兴村易贷"产品要素

序号	项目	描述
1	产品名称	兴村易贷
2	贷款用途	助力美丽乡村建设项目及发展壮大村集体经济建设项目
3	授信额度	1000万元（含）以内
4	利率确定	固定年利率3.95%
5	授信期限	根据专家组对项目建设、收益期的评估确定，最长不超过8年
6	贷款主体	兴化辖内各美丽乡村建设公司
7	还款方式	建设期内按月付息，无须还本；收益期内按月付息、分批还款
8	担保方式	担保方式为保证，由兴财源担保公司提供
9	罚息	在合同载明的贷款利率水平上加收50%

这款产品的借款主体是兴化市范围内从事乡村振兴金融党委审核认证的美丽乡村建设项目、壮大村级集体经济的建设项目、经营美丽乡村建设公司的企业法人。除了一般银行要求的借款主体条件、项目条件等要求外，特别明确"项目必须为以营利性、增加村级集体经济收入为目的设立的项目，有良好的收益前景的非公益性营利项目""项目的前景经过专家组论证，设立经过乡村振兴金融党委讨论、决议"。

关于贷款用途，仅限申请人用于乡村振兴金融党委审核认证的美丽乡村、壮大村集体经济项目建设、运营的资金需求。贷款授信期限、单笔放款期限最长不得超过8年。授信额度根据其实际经营情况综合而定，原则上单户不超过1000万元。利率按照人民银行规定的利率政策和该行1年期、5年期基准利率执行。保证方式原则上由政府融资性担保公司（经过乡村振兴金融党委认可的担保公司）提供担保保证。单个融资项目每年应支付的担保费用不超过授信金额的1‰。之后在乡村振兴金融党委和担保公司的主动进位、相互协调之下，将担保费用下调至4‰执行。

贷款流程分为贷款申请、授信调查、业务审查和审批、贷款发放、贷后管理、贷款收回和贷款贴息8个步骤，其中，"签订合同"环节明确要

第3章 "党建+"的伟力

授信审批、乡村振兴金融党委审议通过后,担保公司对授信审批结果文件、项目决议单文件审核证实后"见贷即担"。贷款贴息需要经专家组认可、乡村振兴金融党委审议通过的可按年全额享受财政贴息。

关于风险应对,主要是确定了风险分担、风险熔断、风险代偿和风险补偿四个机制。

"风险分担"由美丽乡村建设公司所在辖区镇人民政府、担保公司、兴化农商银行分别按30%、50%、20%的比例共同承担责任。

"风险熔断"是在风险本金达到"兴村易贷"专项贷款总体额度池5%时,触发风险熔断机制,由兴化农商银行向乡村振兴金融党委报备后停止新增发放。

"风险代偿"是由兴化农商银行向兴化市农业农村局提出代偿申请,兴化市农业农村局委托专家组出具风险情况报告书进行讨论得出结论,上报乡村振兴金融党委,由乡村振兴金融党委决策确定责任归属。经乡村振兴金融党委讨论确定需要代偿的,向担保公司发出代偿决议书,并在借款逾期90日内履行代偿责任,代偿逾期贷款本息的80%。

"风险补偿"是由担保公司自代偿之日起60日内,向兴化市农业农村局提出30%补偿申请。兴化市农业农村局在接到补偿申请后委托专家组进行审查,出具"尽职审查意见书"。乡村振兴金融党委进行代偿核查、研究并确定代偿补偿方案,符合补偿相关规定的,向合作担保公司代偿补偿款。30%的补偿款由财政局统筹项目推荐乡镇(街道)人民政府财政拨款产生,向担保公司支付。

可见,这是一款量身定制、关联多元的贷款产品,与过去银行标准化的产品有着很大的不同。这里面,既有乡村振兴金融党委的全程决策参与,又有银行风险承诺,已经远远超出了一个普通产品的范畴。准确地说,这是一个银行牵引、多方参与、助力集体经济组织发展的金融解决方案。

第3节 从"融资"到"融智"与"融制"

乡村振兴不仅仅需要资金,也不仅仅需要产业、项目,还需要智力支持、机制保障,需要全社会的广泛参与。而银行不仅仅是金融杠杆,还具有连接多元的特征。兴化农商银行充分利用这一特点,在为乡村振兴发挥"融资"功能的同时,还在"融智"与"融制"方面切实发挥了应有的作用,进而实现了乡村振兴背景下新的"组织起来"。

"大家一起学"

学习能力是一个事业长远发展的底层能力之一。表面看,这种能力"不显山不露水";深层看,这种能力体现着进取的精神和开放的态度。乡村振兴既需要将银行人培养成"一懂两爱"的人才,也需要一大批懂经济、懂金融的行政人才。特别是县域,干部队伍中更多的是传统型、管理型干部,缺少熟悉经济、有开拓精神的干部。

在这种情况下,兴化农商银行采取三类方式,促动乡村振兴中各个参与方的学习能力提升。这三类学习方式分别是青年干部培训班、外出专项学习和研究生工作站。在学习过程中,注重"学+习"的模式应用,将学习与实践紧密结合起来,实现"六带"学习效果:带着期待来,带着收获走;带着问题来,带着办法走;带着感情来,带着友谊走。

青年干部培训班是在兴化市委组织部的指导下持续举办的,每期2个月,目前已经到了第15期。这个班主要参与人员为市里面各个委办局、各个乡镇、村委的干部,采取"周末课堂"的方式进行,一般在兴化农商银行的培训基地组织,学习方式主要是"集中授课+实践历练"。

集中授课以课堂教学为主、交流讨论为辅,主要培训内容为经济工作思维、基础财贸知识、政府金融、金融安全等方面的内容。从第十四期班的学习内容(见表3-3)可见,其设计周全,学习内容丰富,师资力量强大,突出与时俱进与务求实际两个突出特点,并且横跨多个学科,纵深垂直领域,不是一般的常规学习,而是针对性、实用性很强的学习。

表3-3 第十四期青年干部培训班经济能力提升专班课程安排(部分)

时间		主题内容	师资介绍
第一天	上午——下午	《新变局下政策环境分析与经营思维转变》	刘喜和:上海大学金融系教授,博士生导师,南开大学经济学博士,日本早稻田大学博士研修,上海财经大学应用经济学博士后 该课程从宏观、中观、微观三个维度讲解基础经济金融知识
第二天	上午	《工程预决算与招投标管理》	余美:泰州审计局固定资产投资审计处处长 该课程主要从审计的角度,讲解在工程预决算、招投标管理工作中的注意事项
	下午	《发展壮大农村集体经济的思路和具体路径》	应瑞瑶:南京农业大学经济管理学院教授、博士生导师,中国农业经济法研究会常务理事、中国农村合作经济管理学会理事,长期从事农业经济管理及新型农业经营体系的研究工作 该课程重点讲解江浙村级经济发展路径,如何发展村集体经济
第三天	上午	《财政管理一体化》	王雍军:中央财经大学财经研究所所长、教授、博士生导师 该课程从绩效导向预算、中期财政规划、"生命周期全预算"等方面详细讲解财政一体化管理工作
	下午	《如何做大、做强乡镇财政》	王雍军:中央财经大学财经研究所所长、教授、博士生导师 该课程通过具体行动方案及生动案例详细讲解如何做大、做强乡镇财政
第四天	上午——下午	《新常态下招商引资新思维与操作》	蒋剑:中国平衡预测法创始人,投资咨询公司首席分析师,广东中小企业融资与上市促进会专家委员会副主任,香港及内地大型金融分析论坛主讲嘉宾 该课程分析、介绍了新常态下招商引资新思维、产业政策及方向、产业链分析等方面的内容

续表

时间		主题内容	师资介绍
第五天	上午——下午	《全面乡村振兴的投融资模式应用创新与风险规避》	姜新旺：毕业于西南财经大学中国金融研究中心、金融学博士、教授，硕士生导师，MBA 导师，浙江大学、上海交通大学特聘教授，浙江农信学院特聘专家 该课程从全面乡村振兴金融支持的困境、树立正确的投融资观、创新融投建管模式、投融资模式应用创新及投融资风险规避五个方面讲解金融安全
第六天	上午	《乡村振兴战略下农村金融管理的现状及对策研究》	林乐芬：南京农业大学金融学院教授、博士生导师，南京农业大学财政金融研究中心主任，中国新兴经济体研究会常务理事，主要从事证券投资学、国际金融学、土地财政与土地金融、科技金融、中小企业金融支持的教学与研究工作 该课程通过对农村金融管理的现状分析入手，探讨乡村振兴背景下的管理对策
	下午	《税收分析与纳税评估》	肖金水：注册会计师、注册税务师、高级会计师等，受聘为北大、浙大、上海交大、复旦、上财、西财特聘讲师 该课程从税收统计分析工作存在的问题与改进、纳税评估工作的合规开展详细讲解税收知识
第七天	上午——下午	《工业经济与经济发展规律》	宋承敏：国家发改委宏观经济管理编辑部副主任（司长），编审、教授、研究员。国家发改委《宏观经济》副主编。毕业于中国人民大学，获法学硕士学位 该课程详细讲述了市、乡经济来源、组成，工业经济基本知识以及透过经济社会发展过程的本质了解经济发展规律
第八天	上午——下午	《绿色经济与碳中和、碳达峰》	宋逸之：经济学博士后，工学博士，经济学硕士，管理学学士，江西财经大学 MBA 专业硕士生导师 该课程从"碳达峰、碳中和"背景及战略价值、实施与中国能源安全新战略、机遇与挑战三个大方面详细讲述"碳达峰、碳中和"

实践历练以小组为单位，有计划地安排青年干部到兴化农商银行内设部门跟班学习，通过沉浸式体验、互动式交流，更好地消化、吸收集中授课中所学的理论知识，切实提升对经济政策的理解把握和实践运用能力。比如，第十四期班总计安排 7 个工作日、5 个部门的跟班学习（见表 3-4）。

表3-4　　　　　　　　青年干部班实践历练分工和内容

实践历练部门	责任导师	学习内容
普惠金融部	总经理任国磊	学习了解乡村振兴战略如何从金融层面在兴化落地；了解支持地方经济网格化工程建设三大模块；普惠金融落实在哪些具体层面；地方金融可以从哪些方面对兴化特色产业发展予以支撑
公司业务部	总经理潘冬	学习企业金融业务流程，掌握了解企业生产经营状况，了解各行各业特色、发展情况、金融服务情况，以及不同类型产业发展一般规律，了解产业在生命周期的不同阶段可能存在的金融风险，探索如何发挥政府作用，帮助企业应对风险
电子银行部	电子银行部总经理兼数字银行中心副主任陶勇	学习了解"互联网+农村经济"的服务概念，掌握如何通过场景营销，促进消费，带动乡村经济，启发不同环境下电商发展的路径渠道
科技部	科技部总经理兼数字银行中心主任倪晓荣	了解银行业大数据分析系统，学习如何运用大数据服务乡村建设；探讨如何运用智慧农业、智慧园区、智慧社区等载体促进农村金融发展
计划财务部	计划财务部总经理陈金粉	学习财务、税收、利率政策等知识在金融实际工作中的应用；了解掌握如何从计划财务入手，从源头上助力乡村振兴、普惠金融

通过这样静态的展现已经可以看出，兴化市委组织部与兴化农商银行联合组织的青年干部培训班不是搞形式、走过场，是"真刀真枪地干"，是在为当地的乡村振兴培训"抗大指战员"。

除了本地学、请进来学，还要找全国的标杆学、走出去学。但是，与谁学、学什么、怎么学是大有学问的。兴化农商银行在这方面下了大功夫，基本原则是一定要找业内顶尖的学，带着亟待求解的问题去学，带着可以解决问题的人去学，关键是学了回来就能落地，甚至可以"站到巨人的肩膀上"，超越学习标杆。

在近年来组织的大规模外出学习中，大部分都是邀请市里面的有关领导和部门,以及人民银行、监管机构一起学。目的就在于把成熟的经验学回来,整合多方力量,尽快落地。比如,表3-5中所列的到安徽亳州药都农商银行学习数据治理与应用,总共去了4次,先后有常务副市长、5个委办局和人民银行地方支行的领导参与。因为在2017年的时候,数据治理与应用还是一个前沿的课题,仅仅是地方性银行发力是做不到的,需要多方面的参与和协同。事后证明,这种学习方式是非常有效果的,兴化农商银行的普惠类贷款——"阳光e贷"的快速上线与此有着直接的关系。

表3-5 兴化农商银行外出学习统计表(部分)

序号	年度	学习对象	学习内容	参与人员
1	2017	安徽亳州药都农商银行4次	大数据下农商行小额自助贷款业务、智慧城市建设、政府大数据平台应用、金农易贷管理	兴化农商银行:董事长、行长、副行长、相关部室负责人; 兴化市政府:兴化市委常委、市政府常务副市长、兴化市发改委主任、兴化市经信委主任、兴化市政务办主任、兴化市人社局局长、兴化市城管局局长、兴化市公安局副局长,指挥中心; 中国人民银行兴化市支行:行长、副行长等
2	2018	浙江德清农商银行	精准营销、风险管控、团队建设	兴化农商银行:董事长、行长、副行长、董秘、5名部室负责人、10名支行负责人; 中国人民银行兴化市支行:行长、副行长
3	2018	湖南浏阳农商银行	拓展营销、精细管理、员工管理	兴化农商银行:行长、监事长、副行长、5名部室负责人、12名支行负责人
4	2019	安徽六安农商银行	线上产品设计、推广营销以及小微企业线上全流程贷款业务	兴化农商银行:行长、副行长、普惠金融部、科技部总经理负责人; 中国人民银行兴化市支行:行长、副行长等
5	2019	浙江路桥农商银行	"三做三不做"推进普惠金融、整村授信、美丽乡村建设	兴化农商银行:董事长、行长、监事长、副行长、5名部室负责人、24名支行负责人; 中国人民银行兴化市支行:行长、副行长等; 兴化市财政局:副局长等

"邀请政府一起学"，这是地方性银行非常值得借鉴的一点，因为地方性银行最大的比较优势是地情信息对称和畅通，而地方资源最大的富集地是在政府，只有一起学，才能在随后的学习成果落地中得到地方政府的理解和支持。由此，避免两个方面各学各的，回来沟通事项又各说各的，达不到"最佳状态"。

除了以上两类学习形式，兴化农商银行还与南京农业大学联合设立了研究生工作站，成为全省唯一一家落户银行的"研究生工作站"。研究生站的主要职责是建设三个"基地"。第一是打造兴化"三农"人才的"培育基地"。借助工作站师资力量，与兴化市委组织部共同做好村支书、支行长的培养成长。第二是打造基层调研辅导的"实践基地"。以专项调研课题为主，针对乡村振兴中的难点堵点问题，发挥院校和基层两个方面的作用，提出可行有效的解决方案。第三是打造金融科技的"科研阵地"。针对"农村大数据"等应用，联合攻关，推动数字普惠推广，推动数字乡村建设。

无论是常态化组织的青年干部班，还是有选择地外出学习，或是永久性设立的研究生工作站，本质都是在为乡村振兴积蓄人才、储备知识。这些方式的显性作用明显，立竿见影地解决了乡村振兴的"人才"这个当务之急。而其隐性影响更加长远，"同学情，一生情"，对于政银合作、校银合作，共促乡村振兴，从理念相投和能力合拍两个方面打好了基础。

"机制一建天地宽"

乡村振兴既是一个系统工程，也是一个长期事业。长期事业就需要用机制的力量来激发有关资源参与的积极性，也需要用机制的力量保证政策的延续性。兴化农商银行有了乡村振兴金融党委、"反向挂职"、党建共建这些组织保障，开展了以美丽乡村建设公司为重点的村级集体经济组织探索，但这些工作必须长期坚持，才能取得预想的效果。而要保障这种预想的效果，就必须把相应的机制建立起来。

兴化农商银行的机制建设涉及的方面比较广，其中，重点是建立了两个方面的机制：一是外部的制度层面，二是内部的管理层面。

外部的制度层面，兴化农商银行与中共兴化市委组织部、兴化市农业农村局联合印发了《"党建引领　共兴共富"三年行动计划实施方案》。该方案既是《兴化市党建引领发展壮大村级集体经济三年行动计划（2021—2023）》的进一步细化，也是"兴化党建＋金融"这一模式的总体指南。核心抓手是"五大行动"，分别为党建共建强村富民行动、党员干部能力提升行动、金融助力民生惠民行动、产品创新助力共富行动、共富产业发展助推行动。这"五大行动"从党建引领开启，从党员干部能力、金融产品、产业培育等方面打桩固基，形成了整体联动、有效协同的运作机制体系。

内部的管理层面，兴化农商银行"三箭齐发"，在内部构建了服务乡村振兴的"敢贷愿贷"长效机制。这三支"箭"直击要害，箭无虚发，引领全行干部员工投入乡村振兴大业中来。

"第一支箭"射向"任用"。对于在乡村振兴一线中表现突出、群众公认的员工，在评先评优、提拔使用等方面优先考虑，让想干事的有机会、能干事的有舞台、干成事的有位置。以团队长优胜劣汰、优秀团队长纳入中层后备梯队、后备风险管理员等机制，打通客户经理晋升通道。

"第二支箭"射向"容错"。列出乡村振兴中不良贷款尽责免责的7类情形和3%的不良贷款容忍度管理要求，对2017年7月后新发放的涉农和小微企业贷款不良率占比在3%以内、尽职管理依据充分、无失职行为的信贷人员，免除贷款损失赔偿责任，减轻客户经理心理包袱，赋予其更多"敢做事"的底气。

"第三支箭"射向"激励"。针对拓展"三农"客户人力成本高、单户收益低的状况，充分发挥考核指挥棒的导向作用，在年度考核中将普惠金融考核权重提升至37%，适度提高乡村振兴类产品计价标准，通过自主开发绩效小程序、应用FTP（内部资金转移定价）计价与规模计价相结合、对小微企业贷款计价额外增加5个基点、管户费按照超额累计等方式，提升基层支行和客户经理的工作积极性。

通过"一内一外"两个方面的机制建设，保障了兴化农商银行金融服务乡村振兴走上了规范化、快速化、实效化的轨道。都说"机制一变天地宽"，而兴化农商银行是"机制一建天地宽"，一"变"是改革者的魄力，一"建"是拓荒者的探索。一字之间体现着领导者的担当，更蕴含着无限的事业希望。

"组织起来"

1941年，抗日战争进入相持阶段，加之国民党进行重重封锁和连年自然灾害，一如毛泽东同志所说，"我们曾经弄到几乎没有衣穿，没有油吃，没有纸，没有菜，战士没有鞋袜，工作人员在冬天没有被盖"。[①] 在这一背景下，抗日根据地开展了大生产运动。毛泽东同志指出，大生产运动就是"组织起来"的运动，"就是把群众组织起来，把一切老百姓的力量、一切部队机关学校的力量、一切男女老少的全劳动力半劳动力，只要是可能的，就要毫无例外地动员起来，组织起来，成为一支劳动大军"。乡村振兴同样需要"组织起来"，兴化农商银行也采取了同样的策略：动员一切可以动员的力量。

"动员一切可以动员的力量"，主要是三股力量：党政力量、社会力量和自身力量。

---

① 资料来源：中央纪委国家监委网站，"弘扬党的光荣传统和优良作风"，2023年1月28日。

大普惠 >>>>
地方性银行服务乡村振兴的兴化模式

在党政力量方面,重点是撬动党政的组织和行政力量,通过党建共建、政务合作等方式,在解决党政机关人员不足、经费不活、延伸不够等实际痛点的同时,嵌入金融服务。这一方面在于地方性银行的争取,另一方面也在于地方党政决策者的远见卓识。目前,我们看到,兴化市乡村振兴金融党委书记是由兴化农商银行党委书记兼任的,兴化市委有关部门、政府有关部门与兴化农商银行是联合发文的,兴化市的各个乡镇和兴化农商银行一起推动整村授信和美丽乡村建设公司,而且都有相应的考核。各类群团组织、社会公益组织、国有企业等"公"字头机构,都与兴化农商银行有合作。这种动员能力,恐怕是很少见的,而且对于兴化农商银行的问题解决和行稳致远的作用是无法估量的。

在社会力量方面,兴化农商银行根据区域不同,将不同的力量整合到"万人评议团"当中。所谓"万人评议团"其实是兴化农商银行的兼职营销员、兼职宣传员。对于这部分人群,与党政力量的打法不同,重点在于实惠的激励。在农区,聘请在村内有一定影响力、信息知晓度的人群为评议员,开展整村授信中的评议工作;在城区,促动各类商户加入裂变营销的队伍当中。其背后的支撑,是一个"金融云柜台",根据设置的规则,可以发放产品推荐奖励积分,积分可以转换成红包,随机转换。以此利用红包机制的"小惊喜"和"小恩惠",促动这类群体的参与性,进而触发全民营销的热情和影响力。

在自身力量方面,兴化农商银行组建了"农商兴锋工作团",由党委书记、董事长担任指挥长,其他班子成员为副指挥长,指定一名党委委员、副行长兼任指挥部办公室主任,并下设10个分团,每个分团的团长和政委由机关中层担当,团员由所辖支行负责人组成,以此形成"十百千万"队伍(十支队伍抓振兴、百名干部连民心、千名兴锋解难题、万名顾问助共兴)。工作团的主要职责有三项:一是将银行业务融入乡村振兴当中，拧紧"乡村振兴主办银行"责任链条；二是把工作现场放到农村，把走村串户列为工作内容，并进行专项考核；三是把解决群众最关心、最现实、最急迫的问题，把金融与非金融服务融合，列为工作职责之一。

2018年，兴化农商银行推出"创业富民"助推、"生态农业"配套、"产业转型"结伴、"美丽乡村"添绿、"精准扶贫"落地、"进村入户"便民、"服务平台"打造、"金融生态"共建"八大行动"。2020年，与兴化市委组织部、兴化市农业农村局联合制定"党建引领 共兴共富"五大行动和三年行动计划。"农商兴锋工作团"可以说是一个行动接着一个行动干。

这种行动可以大致划分为三个大类：年度活动、阶段性活动和专项活动。每一类活动都各有效用，但区别于过去的银行任务目标角度的活动，体现出两个不同：一是内容不同，在银行业务之外增加了更多的社会行动；二是难度不同，更多是自我加压，更多是新的挑战。对于这样高强度的节奏、高难度的压力，仅仅靠责任、靠利益等外部激励是很难做到的，必须依靠内心认同、内在驱动和敢于挑战的勇气，才能做得到、做得好。

年度活动主要是针对重点性工作的整年统筹，先后开展"大走访、大预约、大落实""百行进万企""万企联万村、共走振兴路""推进三访三增 助力六稳六保""深入推进扩面强基 全力服务乡村振兴""精准走访稳主体 优化服务保实体"等走访回访活动。

阶段性活动是在年度活动项下的重点分解。比如，以"提质增效、增量扩面"为主线，按季开展"春天""先锋""绽放""收官"四大行动。通过常态化的阶段性活动，将长周期的任务转换为一段一段的小任务，将长期目标分解为一个一个的"小目标"，让大家看得见希望、使得上力量，不经意间，实现大大的梦想。就像垒土成垛、日抬一尺一样，最终实现择高向上的目标。

专项活动是针对单项重点工作的专项推动。比如,针对疫情影响下的需求不足、发展困难等问题,开展"共兴共富全民大体验 同兴共进暖企大行动 欣欣向荣真情大服务"三大活动,联合人民银行地方支行、地方金融监管机构等部门开展"政银携手 暖企惠民 金融服务乡镇行"系列活动,提供全市14项利企政策、15条服务工业企业措施、21条扶持服务业措施和12条暖企惠民政策,推动市场主体有序复工复产复市。

在这样的环境下,每一个人都能够参与其中,感受到奋斗的价值感和成功的"小惊喜"。比如,戴窑支行的陈璐在到村签约走访的过程中,发现村民都被通知携带身份证到卫生院"打疫苗",于是,他带上几箱矿泉水、拿上一批"家庭备用金"的宣传页,就与同事充当起帮助卫生院维持秩序、慰问打疫苗群众的社会志愿者,开启了批量签约的新路径。而陈璐的行为其实是兴化农商银行员工集体奋斗的缩影。

你会看到,在外拓营销中,内外协同助抗疫、支行组团进学校、村部激活社保卡、政策宣导进社区、拜访能人赴外地、扫街走访赢收单、公私联动进企业等形式不断涌现。你也会看到,在校门口等待孩子放学的家长人群中,在社区商超、医院挂号大厅等,都有农商银行员工的身影。你还会看到,与医生一同抗疫时向医护群体介绍相应的产品,充当防疫义工登记时与客户攀谈业务需求,助老助残时向子女及其亲人推广产品,社保卡养老代发答疑解惑时植入"广告",网点厅堂沙龙里面的"小小银行家""掼蛋比赛"等各种小活动、微沙龙。可以说,时时处处事事都能看到兴化农商银行的各种行动。

"农商兴锋工作团"的"兴",是兴化地域的首字,也有"振兴"的寓意在里面,"锋"是先锋之意。在全市的整体布局中,兴化农商银行主动融入其中,结合自身行业特征,以金融手段撬动,以非金融手段补充,切实体现出振兴地方的先锋定位。而身处其中的每一个员工,随着这种定位的拔高，也在逐步转换着工作的思维逻辑和方式方法，从银行专业队伍向懂农业、爱农村、爱农民的"三农"金融工作队伍切换。

人们常说，群众的力量是无穷的。这种无穷的力量来源，是发自每个人的内在动机。《内在动机——自主掌控人生的力量》① 中给出一个公式：胜任＋自主＝幸福。银行的员工服务"三农"事业，胜任力是基本不存在问题的，许多方面都是引领着客户往前走的，这是农村金融与其他金融的一个核心区别。问题的核心在于态度，而态度的决定因素就在于是自主选择还是外部强迫。兴化农商银行这种全员参与、集体行动、敢于亮剑的气魄，一定是员工发自内心的认同与驱使。因为有了参与感，所以感到价值感，因为感到价值感，所以行动更有力。

兴化农商银行的党建引领战略工程体现了大普惠模式的"大定位"和"大联合"，确立了乡村振兴是最大的普惠的定位，解决了乡村振兴中的资源整合问题。除了做实传统的普惠金融领域，兴化农商银行以村级集体经济组织为突破口的乡村振兴新探索，对于地方性银行走出当下的发展困境很有启示。不仅有启示，而且给出了"方法论"，这一"方法论"就是"六有"机制：有组织、有机制、有产品、有服务、有监督、有评价。

"有组织"主要是设立了乡村振兴金融党委。"有机制"主要是明确了金融党委的运行规则，并逐步实现了各项工作的制度先行和建章立制。"有产品"主要是针对不同的乡村振兴参与主体创设了相应的金融产品。"有服务"主要是在金融产品之外增加了非金融服务手段。"有监督"主要是在整个过程中，实行"两个监督"：一是人大代表的全程见证、全程参与、全程监督；二是政府审计部门的全程审计和专项审计，确保整个体

---

① ［美］爱德华·L. 德西和理查德·弗拉斯特著，机械工业出版社 2020 年 9 月出版。

制机制运行高效而规范。"有评价"主要是政府审计部门对项目实施的审计评价和组织部门对干部履职的评价。由此，实现整个运作体系的闭环管理。

如果说家庭联产承包责任制释放了以家庭为单位的农民的积极性和主动性，那么，兴化市委、政府与兴化农商银行选取的共兴金融道路，则是凝聚了以集体经济组织为单位的积极性和主动性。前者的最大特征在于"分"，后者的最大特征在于"合"，一分一合，一放一聚，对象不同，原理相同，让金色的大地上生发出无限的想象和希望。

总体来看，服务乡村振兴的过程中，兴化农商银行不仅仅是从金融的角度出发，而是从党的使命的角度去做，这就是"党建+"的伟力。其带给我们的启示是：第一，地方党委、政府、银行的分工不同，但在党的中心任务上是共同的。第二，党建要统领业务，才能让党的领导落地，也才能让业务升华。第三，"党建+"是地方性银行的核心打法，只有充分撬动地方资源，才能借力给力，体现属地优势。第四，党建工作不仅是一项政治工作，对于地方性银行来说，也是一种业务模式，由此可以保证战略方向的正确、新的业务领域开拓、精神动力的激发、风控管理的降低。可见，这种"党建+"所凸显出来的伟力，是将伟大的使命寓于细微的担当之中。

"迥与众流异，发源更高孤。"范仲淹赞美瀑布从高处发源、倾泻而下的诗句，也可以用来比拟兴化农商银行的党建引领战略工程，由于高处定位，将乡村振兴作为最大普惠，源头汇流，整合各方资源，进而形成了卓尔不群的大普惠景观。

第4章 "铁脚板+大数据"的网格深耕

在提升定位和整合资源的基础上,兴化农商银行大普惠模式接下来要做的,是把根部植得更深、把根系植得更密,达到"千磨万击还坚劲,任尔东西南北风"的效果。这就是乡村振兴三大重点战略工程的第二个战略工程——网格建设,突出体现在一个"深"字。这个"深"既包括下沉的深度,也包括服务的深度。在充分彰显地方性银行深耕本土的特殊优势、"把根留住"的同时,利用数字化技术成果,提升效率效能,插上"隐形的翅膀",形成以网点为阵地,以金融服务站为触角,以手机银行、小程序为"天网",以场景为依托的金融服务网络体系,让金融服务无处不在,随时可享,在网点,在身边,在场景里,也在手机上。

之所以确定这个战略工程,源于四个方面的需要。一是乡村振兴的需要。乡村振兴的关键是产业的振兴,核心是人的振兴。只有走进田间地头,贴近老百姓,才能解决大部分群体的需求,从对少部分需求的满足转变为对大部分的需求满足。二是江苏省联社提出"下沉下沉再下沉"的总体要求。江苏省联社是全国最早推出"阳光信贷"的省份,历来在普惠金融方面都走在全国的前列。新的形势下,这个总体要求是对"阳光信贷"的升级,而这种升级的标志恰恰是"下沉度"。三是自身零售业务升级。随着零售转型的成果不断显示,零售业务收入占比达到接近50%,兴化农商银行没有选择提高对公等业务占比的结构调整方式,而是对零售业务做进一步的升级。四是市场竞争的需要。随着许多银行下沉普惠市场，在进一步满足这一市场客群需要的同时，也在一定程度上带来了竞争的乱象。这种乱象主要体现在两个方面：一方面是在贷款方面，符合贷款条件的，降利率、提额度，而不符合贷款条件的，仍然还是贷不上款；另一方面是支付结算等其他金融服务，一些农民的金融素养相对较低，特别是数字化应用能力不足，仅靠手机银行等线上渠道，往往是很难帮到他们的。

在这样的背景下，兴化农商银行采取"铁脚板＋大数据"的网络深耕模式，在发挥地方属性优势、顺应数字时代发展的同时，也切实提升了工作效能，让网点、走访等传统的"重资产"模式变轻，让数字化的"高风险"有了根基，由此，实现了效率提升与风险可控的兼顾。

第1节　不一样的区域不一样的打法

在兴化的区域布局当中，各个区域各具特点，情况也各不相同。总的来看，越是靠近苏南地区，经济越好、越发达。兴化农商银行从自身实际出发，大致分为三个区域——农区、城区和园区，并采取分区施策、精准服务的方式来推动网格建设，体现出不一样的区域不一样的打法。

农区组织化

在农区，网格建设有两个基本的出发点要考虑：一是农区的空心化现象比较严重，"地多包出去了，村子里的人大多出去打工了"；二是农村产业收益相对较低，农民金融需求发生了变化。这个变化又体现出两个新的特点：第一个特点是土地集中承包户，其资金需求大；第二个特点是"出去"的农民的需求不再仅是种养殖，而是有了创业和购房等新的需求。

新的人口和产业变化形势也需要金融供给的方式做出相应调整。兴化农商银行所采用的是逆向思维——大量出现"空心村"说明在外能人多,"树高千尺也忘不了根"。由此,重点采取了三个方面的对应策略:一是对于土地集中承包户等新的需求,由于他们守土在家,重点在额度上面给予满足;二是针对外出人员变成了"新市民""当地不在家、外地找不到,金融服务还需要"的实际情况,重点抓住外出经商、就业子女对家乡、对亲人的牵挂,通过挂职人员了解和领办等方式,协助关照家人、代办家乡事项等"不是子女胜似子女"的真情服务,赢取其信任,进而深挖金融的空间,将物理空间上的"空心村"变成金融服务上的"实心村";三是全覆盖式地推动整村授信,并根据子女是否成婚分户等情况,推行"一户一授信",本着"实际重于形式"来提供服务,而不是拘泥于户口簿的关系。

地方性银行的最大优势在地方。兴化农商银行就依托和发挥这个优势,在网格建设的过程中,将26个乡镇街道、463个行政村划分为1383个自然村网格,以江苏省农业农村厅与江苏省联社合作推动农户小额普惠信用贷款为契机,与兴化市农业农村局深度研究,将农户小额普惠信用贷款推广情况纳入乡村振兴双月考核。

以此为总抓手,总行与兴化市农业农村局召开全市农户小额普惠信用贷款推进会,支行与各个乡镇(街道)展开宣讲推进会,金融助理与村支书、村主任联合落实,由上而下地推进网格建设。其中,以红头文件作为支撑,以目标分解作为职责,以双月考核作为评价,保证乡镇(街道)全覆盖的效果(见表4-1)。

在此基础上,兴化农商银行专门设计了乡镇网格流程来推进整村授信工作(见图4-1),先后分为党建共建、支行工作组织、基础数据准备、开展评议工作、走访营销用信、普惠服务点建设、网格建设成果验收七个步骤,由党建共建切入,做好线上线下、总行支行联动,最后做好验收评估，形成一个完整的闭环。

表4-1 兴化市乡镇乡村振兴重点工作双月目标任务表（局部）
2021年乡镇（街道）乡村振兴重点工作5—6月双月目标任务表

序号	主管部门	工作指标	定性/定量	计划完成目标	指标级别
14		农户小额普惠信用贷款整村授信工作	定性+定量	各乡镇（街道）组织各村配合各地农商行，完善农户基本信息，建立评议员队伍，开展评议工作，全市授信签约农户数达49100户	三级

其中，评议、预授信和试用信三个环节最为关键。在评议阶段，每个"自然村网格"邀请5—8名村干部或熟悉情况的村民作为评议员。评议员筛选范围为：村委会干部、村组组长、该行历年"三信评比"的信用户、老党员、大学生村干部、教师、医生以及对全村情况熟悉的人员。在评议的组织过程中，注重环境的选择，注意保密原则，提供一定的接送、小礼品等服务。评议的方式是，客户经理与评议员以面对面访谈的方式开展，以户为单位，准确了解村民家庭基本情况，重点了解家庭主要成员的具体情况，包括工作地点、工作性质、年收入等，尤其是与评议员共同对村民个人品德及不良嗜好进行初步排查，筛选出以下"八类人"，纳入"黑灰名单"管理，不列入网格建设对象；同步建立了"黑灰名单"动态解除机制和交叉验证机制：

· 无民事行为能力或限制民事行为能力的；

· 有黄赌毒行为或道德品行不端正的；

· 前期触犯刑律、被拘役或判刑释放后未满三年的；

· 有不良信用记录的；

· 对外负债较高、无能力偿还债务的；

· 涉及参与高利贷发放的；

· 长年外出居无定所、行踪不定情况不明的；

· 邻里关系、家庭关系矛盾突出、长期不和睦的；

第4章 "铁脚板+大数据"的网格深耕

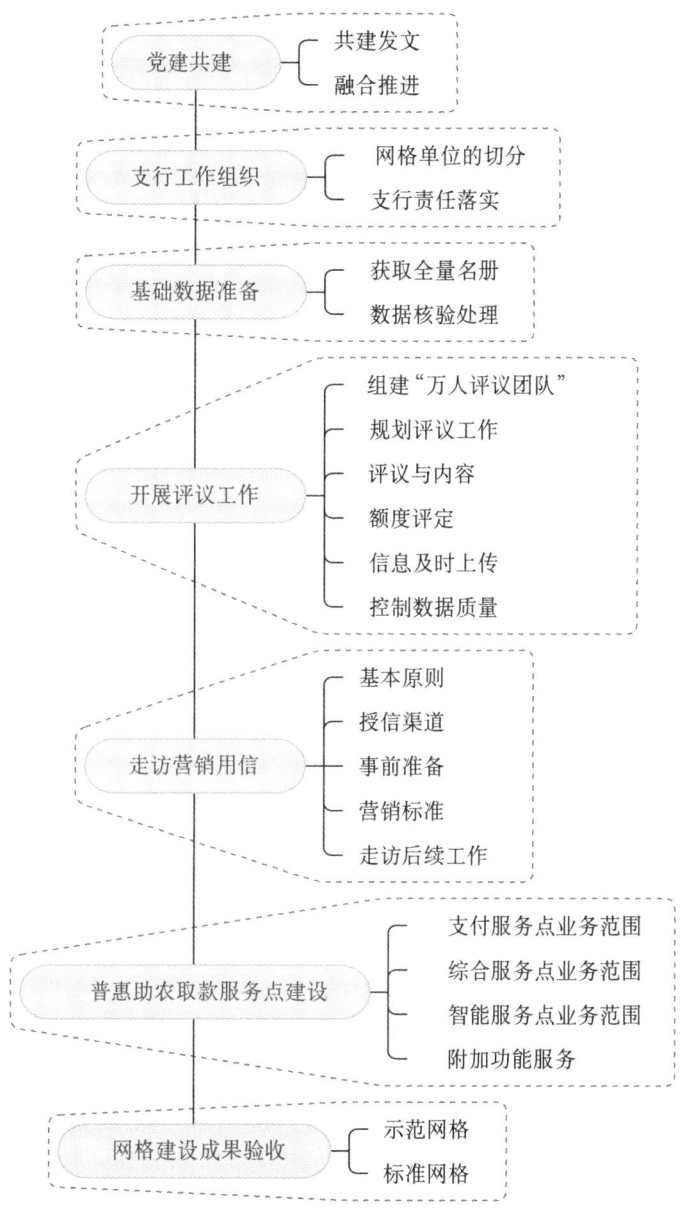

图4-1 乡镇网格建设流程图

对于预授信额度评定,主要依据三个因素:一是所处区域经济发展水平,以此确定区域额度类别;二是依据评定对象的总资产,授信评定额度占比为20%；三是家庭年收入，授信评定额度占比为30%—40%。平均下来，每个农户可以授信5万—15万元。同时，给予客户经理一定的调节权限。

在批量触达、批量预授信之后，重点是要用起来。就像许多老人家与智能手机的关系一样，并不是不需要，而是不会用。这就需要把隐形需求转化为显性需求。兴化农商银行的做法也比较简单直接，就是走访。

在走访的过程中，遵循先"三类客户"后其他客户、先头部客户后一般客户、先本地客户后外地客户的渐进原则，采取指定工作次序表、匹配客户清单、配给标准物料、规范后续动作等全流程标准化方式，达到每个网格应授尽授、应试尽试、应用尽用。在用信引导过程中，设置首月免息等政策，通过客户经理现场示范、客户自行操作辅导等方式，让客户体验申请、授信、签约、放款、还款的全流程。同时，注重客户的转介与裂变营销，通过转发朋友圈、客户经理入群指导等方式，在各个局部范围内形成金融爆款效应。

城区市场化

城区的客群与农区的客群截然不同，农区是"熟人社会"，可以通过评议的方式解决信息不对等的问题。城区的"陌生人社会"特征更加明显，人口流动性也更大，需要采取综合手段才能实现信息对等。城区的市场竞争明显大于农区，从某种程度来看，农区需要重点解决"有没有"的问题，而城区需要重点解决的问题是"好不好"的问题。因此，城区采取市场化的方式更有效率、更有效能，也更具有考验性。

兴化农商银行在对城区门店经营商户进行走访建档的基础上，按照13家支行覆盖区域内道路、商圈市场、重点单位，将城区网格划分为197个网格基础单元，以此解决支行的地理版图责任分工问题。同时，针对网格内不同的客群，采取有的放矢的金融服务模式。

针对商务客户，主要以收单业务拓展为抓手，采取"定网格、定标准、定责任""建信息、建系统、建关系""配人员、配产品、配活动"措施，实现从信息覆盖、产品覆盖到服务覆盖。在此基础上，重点与商务客户深度推动三个方面的合作。一是信贷业务合作，根据商务客户的资金流水、纳税情况等信息，为其提供信用类、经营性贷款。二是共同拓客合作，将银行客户引流商家，也将商家客户引流到银行，实现以"B端"辐射带动"C端"的效果。三是惠民合作，将银行的客户权益与商家的优惠活动相结合，共同赋能客户，让客户得实惠的同时，进一步增强互动性与黏性。

此外，辅助发挥党建共建的作用，通过与市属各机关部门、委办局的合作，以公益项目为切入，提供金融支持。比如，与兴化市市场监管局合作，建立诚信经营义务宣传员队伍，组织网格客户经理上门对商户进行政策宣传和产品推介，形成了良性互动效应。

对于城区的"白领""金领"等优质客群，历来都是各家银行的"兵家必争之地"。利率不是地方性银行的优势，科技也不是优势，主要的优势是两个方面：一是额度。兴化农商银行利用党建共建的方式，在批量获客的同时，给这些客群适度提升额度，体现比较优势。二是地情。借助单位合作、员工人脉等"软实力"，弥补利率劣势，赢取"价值之差"。同时，结合场景打造、商家合作等活动，让客户行方便、得实惠、离不开。

城区的客群银行选择多，在手机上随时切换银行服务的频率也高。因此，兴化农商银行更多地采取市场化的打法，辅之以一定的行政化方式。但不管采取哪种方式，最终的决定权还在客户的手中。行政化方式主要起到触达的作用，更多的还是要靠优质服务来活跃客户、留住客户。这部分客群虽然不是完全意义上的普惠客群，却是银行可持续发展的支撑客群，其资金量大、活跃度高、关联面广，只有充分做好这些客群的服务，才能为更好地服务普惠客群、支持乡村振兴提供源头活水和底盘支撑。

园区精准化

兴化有"两区三园"——"两区"为开发区、高新区，"三园"为安丰工业园区、大垛荻垛工业园区、周庄陈堡工业园区。这些园区当中，都有各自特色产业龙头企业和大量的小微企业入驻。比如，开发区里面的调味品产业园比较出名，安丰工业园区主要是螃蟹养殖与饲料加工。针对园区的特点，兴化农商银行采取区别于农区、城区的覆盖式网格建设方式，采取点对点的精准营销，称为"园丁行动"。"园丁"之意，一在培育，二在紧盯。

先说园区里面的大企业。围绕大企业提供金融服务的银行非常多，可谓红海中的红海，因此，地方性银行的金融服务，大企业要么不需要，要么看不上。但是，这些机构对行业的影响力是很大的，对上下游的金融联动也是很强的。因此，兴化农商银行从总行层面出发，通过与园区的战略合作、股东企业的推荐等方式，切入这个群体当中。但是，光有这些是远远不够的，按照做不了大企业的核心业务，但可以做大企业关联业务的思路，兴化农商银行通过上门提供社保卡激活、常态化拜访等方式，逐步延伸出工资代发、员工贷款、贴现、保函、理财等业务合作，通过业务的积累，促进感情的积淀，形成信任关系。进而，通过这些核心企业的数据获取、信息打通、业务延伸等方式，向其上下游企业提供服务。

对于小微企业，采取"两手抓"的方式来精准服务。一手抓政策红利。近年来，国家和地方政府在扶持"专精特新"企业和支持小微企业方面，出台诸多支持政策。兴化农商银行联合这些政策的实施部门，一并推动"政策红利"转变成"发展红利"。比如，与兴化市科技局联合贯彻兴化市委、市政府"深化企业科技创新积分管理机制、试行创新积分贷系列产品"要求,推出"科技积分贷",支持全市科创型企业发展,不仅体现出"纯信用、低利率、放款快"三大特色,还依托"科技创新积分",放大了授信额度。此外,还推出针对科技人才创新、知识产权质押、供应链融资等专项信贷产品,满足初创期、成长期、成熟期企业的差异化融资需求,打造全生命周期的产品体系。

另一手抓靠近服务。好的小微企业各家银行都在"抢",比如,安丰螃蟹市场的银行供应方几乎涵盖了全国所有可以跨区域经营的银行和互联网金融公司,而差一点的企业没有银行愿意提供服务。兴化农商银行在这些园区专设了15家园区支行靠近服务。其普遍做法是:先从园区或者税务部门"拿"名单,再逐门逐户上门服务。这种方法虽然有点"笨",却非常有效。在这样的过程中,逐步形成了评议预授信、会销批量签约、走访点对点营销等多种经验。

其中,开发区支行的挂图作战方式,不仅有效而且高效。时任行长陈余斌针对网格内的315户企业,实行挂图作战,区分"六种情况",分别用不同的颜色标注企业情况与营销进度。已是存量客户的,用红色标出,代表已经"拿下阵地";已经答应合作、正在办理手续的,用绿色标出,表示绿色通过;企业条件好但不需合作的,用蓝色标出,代表是一个"蓝海",要重点攻坚;从税收等角度分析和走访评议等方式了解到不好的企业,用灰色标出,属于"灰色地带",需要持续关注;对于该行的不良贷款企业,用黑色标出,代表黑名单客户,需要"打黑"清非;对于清单中有但找不到、不了解,或者实地有但清单里面没有的客户,属于空白领域,需进一步验证和跟进。

对于小微企业的金融支持,是一个普遍性的难题,也是普惠金融的一个重点领域。兴化农商银行的"园区精准化"网格建设方式,从"普"

和"惠"的两端都做出了积极的尝试,为解决这个普遍性难题提供了一份"兴化答案"。

第 2 节 "见人知底、见图识情"

"见人知名、见图识位"是许多地方性银行网格化营销的标准范式,兴化农商银行在这方面的做法,犹如郑板桥写书作画,"继承传统十分学七要抛三""未画之先,不立一格,既画之后,不留一格",做了进一步的拓展与创新,做到了"见人知底、见图识情"。"见人"不仅要知道名字,而且要做到"知根知底";"见图"不仅要知道位置,而且要了解全面情况。

要实现这样的目标,除了不一样的网格不一样的打法,还需要配套齐全,这就不得不提一个看不见的"高空线",那就是自建的数字工作台。这就相当于给网格走访装上了"智慧大脑"。有了"走访"和"大脑",还需要更好地协同起来,这就是他们在推动的"点亮行动"。而支撑这一行动的背后,是"兴化铁三角"正确的团队组建方式。

数字工作台

数字工作台是兴化农商银行数字化转型的一项主要的成果,但其应用主要是在网格、营销以及对此的管理、考核方面,本质上是一个高效工作的平台工具。主要功能是智慧网格、数字营销、绩效考核,以及部分学习、生活的功能。从总行角度来看,形成了网格深耕的管理、营销、考核的闭环。从员工角度来看,每个员工可以在这个工作台,对客户、营销、绩效进行管理,从而实现成果可视化和效率最大化(见图4-2)。

第4章 "铁脚板+大数据"的网格深耕

图4-2 兴化农商银行数字工作台功能简图

先来看智慧网格,这是基于农区、城区、园区的物理网格划分上的数字化展现形态。智慧网格与物理网格相比较,有三点明显的进步:第一,清楚地认识到客户的动态特性和集群特点,可以针对不同区域的不同客户进行客群分类,建立一个动态的、有活力的网格体系;第二,聚焦在定位客户上,可以将支行和员工有限的精力分配到聚焦的客群上发力;第三,真正体现了"营销就是做市场"的思想,通过对三类网格适配相应的市场行为,保证了营销精准度。

再来看数字营销,主要是"任务"和"节点"两个关键。也就是把任务派给营销人员和营销人员确认任务完成的节点,体现在两个方面:第一是营销推送,主要是营销任务下达,为营销人员提供目标客户和营销内容;第二是厅堂营销。但凡进入网点的客户均有营销的可能性,关键在于抓住这个契机,提升厅堂营销的效率和效果。

我们来做一个模拟实景还原。客户进入网点,健康码人脸测温一体机会获取其身份信息;接着,排队叫号机会获取身份和排队信息;再接着,大堂经理营销,其会了解客户的详细信息,并提示推荐银行相关产品;柜员营销是第二次营销,与大堂经理方式同理。这种数字营销方式,去繁从简,通过大数据将任务派送给正确的营销人员,至于执行营销任务,任由营销人员自己发挥,任务完成的节点则是自己确认即可,因为任务完成的结果是由绩效管理系统通过下发数据来考核的。

智慧网格是否正确，数字营销是否有效，都需要通过绩效管理科学地、客观地反映出来。绩效管理分为个人绩效和综合绩效两个大部分。

个人绩效部分包括"个人绩效报告""工资收入""绩效测算""我的客户"。"个人绩效报告"主要是统计和计算个人在存款、贷款、电子银行等产品上的绩效；"工资收入"是分别对月度、全年、其他的工资和收入的全面展现；"绩效测算"主要是在营销过程中，对每个产品的营销所产生的绩效进行测算；"我的客户"主要是从存款和贷款产生的绩效角度，进一步挖掘客户资源。

综合绩效部分包括"总行绩效报告""支行绩效报告""排行榜""业务量"。"总行绩效报告"汇总了全行营销的绩效，为总行管理者和决策者提供了市场、营销的综合信息。"支行绩效报告"主要是综合统计和列示了支行在银行产品和业务上的绩效，为支行和总行管理者提供了业务综合信息。"排行榜"主要是从存款、贷款所产生绩效的角度，对全行营销人员进行排名，让营销人员清楚自己所在的位置。"业务量"主要是针对柜员的工作特点，从普通、代理、批量等维度统计柜员的工作量，以此确定其绩效。

由此可见，数字工作台是基于线下网格的线上"智能大脑"，智慧网格是为了发现价值所在，数字营销的功效是为了实现价值变现，绩效管理的作用是体现两者效率和效益的成绩单。有了这个"智能大脑"，让网格深耕变得更加"聪明"、更有效率，最终更有效果。

"点亮行动"

在网格走访、"智慧大脑"的基础上，兴化农商银行开展了一项比较有意思的活动：点亮行动。所谓"点亮行动"就是针对存量收单商户进行产品再营销和增量商户的再拓展,其"有意思"的地方在于,根据每个收单商户的金融服务状态,分别设置不同的点位颜色,根据营销拓展的成效进行不断的升级变换。

在兴化城区,网格建档商户共有15432户,其中,可拓展收单商户数为12755户,兴化农商银行的收单覆盖率为57.06%。在建档商户中,每个点位代表一个实际经营商户,非该行收单商户为灰色。当营销人员营销成功,该商户点位颜色自动更新为绿色;如果进一步将收单商户拓展成为授信商户,则会变成红色,称为"增彩";如果进一步升级为用信商户,则会变成黄色,称为"绽放"。从"点亮"到"增彩",再到"绽放",通过游戏化的方式,实现了有效的激励(见图4-3)。

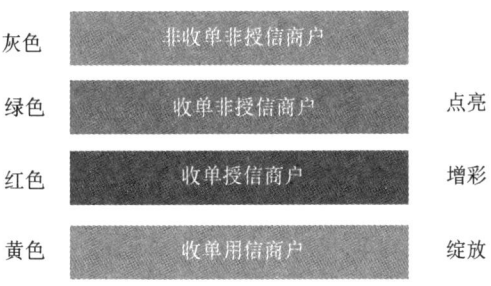

图4-3 "点亮行动"点位进阶简图

兴化农商银行将网格建设评价进行分类,分为标杆网格和达标网格,并确定了不同的标准体系。网格标准由目标管理标准和过程管理标准组成,标杆网格和标准网格的评价维度一致、标准不同。

目标管理标准包括三项主要指标,分别为"信贷客户覆盖率""网格客户知晓率""网格社保卡激活覆盖率"。"信贷客户覆盖率"涵盖5个细项指标,分别为网格客户授信率、网格客户用信率、网格本地三类客户试用信率、网格外地三类客户试用信率、网格客户贷款不良率。"网格客户知晓率"分别从客户经理和支行行长两个角度设置标准,随机抽取网格系统中的客户进行"见人知底、见图知情"的测试,其中,客户经理对信贷客户知晓率需达100%、存款达20万元以上的客户知晓率需达60%、整体网格客户知晓率需达35%。对于支行行长,则需对村居主要干部、乡镇主要干部、网格评议员100%"见人知底"。这两个标准不分标杆网格与达标网格,采取一致标准。"网格社保卡激活覆盖率"对于标杆网格与达标网格也是"一视同仁",均要求达到70%及以上。

过程管理标准是在网格建设过程管理中关键环节的要求。一是对于网格评议员。单个网格的评议员不低于7个人,且支行行长需对评议员100%知晓。二是对于信息采集表。要求表中的电话号码和家庭住址的覆盖率不低于75%,每抽样10户,错误户数不得超过3户。支行在进行农户信息采集时,信息采集表的退回次数不超过1次。这两个标准也是标杆网格与达标网格标准一致。

通过这样深入其里,可以看出兴化农商银行做得比较精细,比较扎实,充分体现出网格建设的精髓,真正体现出"深"的特征。相当于通过"点亮行动",在网格走访的"走"与"智慧大脑"的"智"之间植入了激励的环节,让这两者之间的交互,从"应该如此"到"好有意思"。就好比一个人,虽然每天总是在大脑与身体协调之间配合行动,但参加健身锻炼,就会变得更有意思,也更见效果。这其中,还需要强调的一点是标准化方式。这相当于给健身做了跑步等类型的标准设置,并进行达标、标杆的PK,让银行业务变得有趣化,管理也轻松了许多。

"兴化铁三角"

华为有一个团队非常出名,由客户经理、产品经理和交付经理三个人拧成一股绳,一起拓展市场,称为铁三角团队。在兴化农商银行,也会看到这样的一支队伍,由网格员、营销助理、维护助理组成,可以称为"兴化铁三角"。

在网格化推动过程中,各支行在各自网格内进一步细分"作战单元",按单元明确网格员,一般以客户经理为主,实行网格"责任田"管理与考核,做到守土有责、守土尽责、守土负责。总行采用公开竞聘方式,为各个支行选聘网格长一名,并实行条线管理。网格长负责协助支行负责人做好网格内业务开展和服务管理,指导督促支行网格员"责任田"的各项业务开展,协调营销助理和维护助理相关工作。由此,将网格建设列入支行职责范围,同时,强化了总行的调度与赋能,将"两个积极性"有机地结合起来。

在实际的业务拓展中,"兴化铁三角"协调配合,有序衔接,攻城拔寨,通过日拱一卒的不懈努力,不断扩大服务的"地盘"。

打"先锋"的是营销助理,这是一支由总行统一指挥的以营销见长的三方合作团队,负责网格商户的建档和营销工作,并协助支行做好商户信息采集、产品综合营销、客户转介绍等工作,利用数字工作台进行的数据推送和转介绍推荐,在保证覆盖到位的同时,提升工作效能。也就是说,这支"先锋部队"的主要任务是对商户"走"到位、"拿"下来。

"拿"下商户后,是设备的安装、应用的辅导、日常的维护,保证"帮到位""用起来",这就是维护助理团队的"活儿"了。这同样是一支三方合作团队,其突出的能力体现在技术保障方面。

最后是网格员"上",主推和办理银行的各项业务,并建立和管理"商户客群俱乐部"企业微信群。由此,围绕商户,营销助理体现营销特长,维护助理体现技术能力,网格员体现银行专业,形成三角联动、快速响应的拓展机制。用其他银行同业的话说,兴化农商银行所过之处"寸草不生"。意思是说这支团队营销过的地方,他们就没有再去营销的机会。

配合"兴化铁三角"在阵地上"冲锋陷阵",总行也在进行战略保障和远程赋能，形成上下联动、远近结合的打法，主要体现在三个方面。

第一，活动赋能。针对商户端开展"三重活动"。一重是"新客专享"。重点针对微信、支付宝客户办理收银宝，收单交易笔数满30笔且交易金额满300元，即可获得88.8元的新用户专享现金红包一个。二重是"参与送礼"。客户正常使用收银宝，收单交易笔数满10笔且交易金额满100元后，即可获得6.8元活动参与现金红包一个。三重是"达标有礼"。收单交易笔数满200笔且交易金额满2000元，即可获得18.8元达标现金红包一个。月月开展，持续推动。针对客户端，开展"扫码有礼"活动，扫兴化农商银行的收单二维码结账，根据客户分层分类、商户品类和消费场景的不同，有随机立减优惠活动。

第二，分类施策。按优质户、达标户、攻坚户、流失户和异动户进行分层分类。对优质户，适时推送异动商户清单，保证持续"优质"；对达标户，配套"提质有礼"活动，实现不断"提质"；对攻坚户，匹配更多数据分析支持，"上下其手"，顺利"拿下"；对流失、异动客户，通过"96028"电话客服，剖析原因，重新再战。

第三，"舆论"支持。总行通过相关报刊、自媒体以及行内门户网站、微信公众号等渠道，在全市范围内营造"舆论攻势"，提升客户知晓度，提升线下成功率。

笔者看到许多地方性银行都在推动网格化营销的做法，大多"理想丰满、现实骨感"。其中的原因是多方面的，一个主要的原因就是"什么都想干"，最终"什么也干不好"。兴化农商银行这种做法的好处在于，"什么都要干"，但要采取正确的方式干，"兴化铁三角"以及三方合作的方式，就是一种"正确的方式"。

营销的事情本来应该是银行去干的，但这里面有两个节点是存在问题的：第一，银行的人大多放到了柜面服务和贷款拓展，很难再抽出人马；

第二，银行的人干银行业务是专业，干商户营销、技术是"业余选手"。将这两块"弱项"交给第三方公司，全部采取"计件工资+管户收益"，体现出一定的激励性，反而容易形成强强联合。

同时，引入第三方公司，不能把其当"外人"，而是在前期辅导、过程把控、工作联动和结果评价等方面通力配合，实现从走访前到营销中、再到服务后的全链条无缝衔接。总行把网格划到支行，也不是当"甩手掌柜"，而是更加注重上下联动、同步发力。由此，用对的方式，做了对的事情。

第 3 节　渠道场景化　场景互动化

老百姓常说，"要想富，先修路"。金融服务其实也是一样的，也需要先建立渠道体系，把银行服务与老百姓的需求联系起来。

在数字化时代，有了互联网技术、大数据分析和移动设备的加持，传统的渠道呈现出"式微"态势，各类场景异军突起。于是，不同商业形态逐步将传统渠道场景化。但是，银行的网点渠道是一个"特殊的存在"，怎么进行场景化是一个重要的难题。兴化农商银行不仅通过"三步走"将网点渠道改造成为刚需、高频场景，而且将各类场景引流成为银行渠道，探索出一条渠道场景化、场景互动化之路。

网点转型"三步走"

网点是地方性银行最重的资产投入，除了基建投入，还有运营、人员等各项日常开支。根据某研究机构测算，银行网点的平均成本在每年170万元左右。同时，中国银行业协会发布的《2021年中国银行业服务报告》

显示：据不完全统计，2021年行业平均电子渠道分流率为90.29%。一头是降不下来的成本，一头是大量的业务分流，银行网点的存在意义在哪里？又该向何处去？兴化农商银行从优化客户体验为出发点，以修炼内功和价值挖掘为着落点，以优化劳动组合、优化服务流程、优化营销模式、优化精细管理及客户分层分类管理为转型方向，采取优化、提升、开放"三步走"，让传统网点焕发出新的生机。

网点转型的第一步，是网点的优化。在农村地区，农村信用社是每个乡镇的必备机构，网点也大多是和乡镇政府等建筑一样，成为当地的标志性建筑。在乡村振兴的背景下，这些网点核心的问题是解决怎么用起来，继续发挥更大作用，而不是简单地算经济账、撤出与迁移。兴化农商银行所采取的办法是优化。优化的方式是两个：一是对网点进行分类管理；二是对网点功能进行延伸。

分类管理是根据存贷款规模、人均效益、客户数量、账户数量、业务数量、服务区域、人口集中度和业务类型占比等多维度业务数据分析，将网点分为旗舰型、综合型、零售型、智能型进行资源投入、业务开展、人力匹配等方面的差异化匹配，实现业务的窗口办理、机具办理的合理调配，在保证不间断服务的基础上，体现出侧重零售业务导向和提升集约效能。

功能延伸主要是建设特色网点和基于网点进一步建设"卫星网点"。特色网点真的有特色，先后建设了红色、巾帼、科技、助老、社区服务等不同主题的特色网点，还把银行的网点搬到了政务大厅等公用场所。"卫星网点"也就是普惠金融服务点，将网点的小额取现、转账、代理缴费等刚性需求业务，放到村子里、家门口。比如，村民可以在金融服务站办理养老、医疗保险的缴费业务。

网点转型的第二步，是网点效能的提升，主要是线上与线下结合点的打造。兴化农商银行按照做实线下、做快线上、上下联动、优化体验的方式，将线上的手机银行等渠道与线下网点渠道"串联"起来。

兴化农商银行通过举办线下活动，邀约存量客户"走进网点"，为客户搭建专业化金融服务平台。通过建立线上微信群，做好线上产品内容的宣传。通过建立不同产品的商机筛选模型，精准定位目标客户，扩展网点服务营销半径，实现客户分层分类管理。借助客户的服务场景全盘梳理服务触点，调整功能分区，规范服务用语与服务礼仪，将简单业务和复杂业务相分离，将对公业务与对私业务相分离，将高柜与低柜相分离，有效提升厅堂运营效率。通过对过往业务数据的分析及现实运行情况的观察，设定两个模型，梳理出一套适合的网点柜面开立标准，同步匹配网点弹性排班、低柜配置、技能提升三大举措，强化团队服务效能。

网点转型的核心是人的转型。兴化农商银行特别重视发挥大堂经理的作用，选拔管理经验丰富、业务能力突出的人员担任大堂经理一角。建立"营业前—营业中—营业后"的过程管理标准化流程，让大堂经理由"站着的柜员"变成"厅堂的管理员"，成功塑造出一批管理有能力、营销有技巧、服务有担当的大堂经理队伍。同时，转型后的低柜集"引导、营销、操作、服务"于一体，可灵活多变适应不同场景。不经意间，柜员逐渐成为厅堂营销小能人，实现了员工价值、服务效率与客户满意度的"三提升"。

网点转型的第三步，是网点的开放，重点是政务代办。网点的银行业务存在刚需但不高频的问题，这就容易导致网点的经营成本越来越大。比如，来网点办理业务的可能多是老年人的定期存款。因此，必须解决高频的问题，才能让网点用起来、转起来，才能增加活期存款沉淀，在体现更多价值的同时，更好地降成本。兴化农商银行将突破口选在了政府的各类政务、老百姓的各类代发业务方面，以此来同步解决"刚需"与"高频"的困境。基于此，兴化农商银行将各类政府代办业务"搬到"了银行网点。其中，最主要的是社保卡代办、医保缴费、医疗报销以及企业的税务代办等业务。

我们以"医享e通"为例，来感受一下这种政务代办的成效。"医享e通"是兴化农商银行与兴化市医保局、税务局和人社局联合打造的涵盖税银缴费、医保报销和社保卡办理的"三位一体"民生福祉工程。该项目关注医保服务缴费流程不简洁、报销过程不顺畅、网点分布不科学、审核手续不方便等民生的痛点、改革的堵点、群众的难点，通过实现首创OCR识别智能审核报销系统、首创税银缴费POS扫码缴费"两个全省首创"，将银行业务、服务与政务、民生有机融合，扩展政银多部门联结网，充分释放"1＋1＞2"聚合效应，解决单个部门"想办办不了，单办办不好"的难题。

过去，异地就医报销的方式是：就诊人员在医院自费后需回来报销。仅2021年，医院就诊自费后回来报销的居民医保住院30385人次，职工医保住院11692人次。而且，还存在远途到兴化市医保局窗口办理的问题，最远能有100多公里，还要经过手工初审、复审、发票核算、复核、结报等多个步骤，整个报销流程需要3个月才能完成。

银行网点代办后，银行员工利用自行研发的OCR识别智能报销审核系统，将住院发票、出院记录、住院清单、社保卡复印件依据OCR操作步骤扫描进入系统，平均单页作业时间2—5分钟。兴化市医保局审核后即可完成报销费用发放。整个医保报销受理、扫描、复审、制单、审核、支付和归档7个步骤可一次性连续完成，报销金额最快1天就可直接报销结算至客户的社保卡上。由此，银行网点代替了医保局的窗口，银行员工代替医保人员办理报销事项，更主要的是让老百姓足不出镇就能报销，实现了"15分钟医疗服务圈"的服务。

这种代办服务预示着银行网点转型的一个新的方向，而兴化农商银行在这方面成为"第一个吃螃蟹的人"。在这一过程中，科技系统解决了银行人办理医保业务不专业的问题，银行网点分布广解决了政务窗口不足的问题，既为政府"分忧"，也为百姓"解愁"，政务的效能大大提升，老百姓的体验度也大大提升，同时银行的业务也随之扩大，真正实现了"多赢"。

兴化农商银行的网点转型得到了江苏省联社的肯定，时任兴化农商银行运营管理部总经理吉云霞作为主力成员，参与由江苏省联社主任胡长征担任主编的《银行网点转型标准化建设指引》[①]一书的编写。该书中提出的网点转型未来方向——智慧化、特色化、轻型化、人本化、生态化，都已经在兴化农商银行的各个网点陆续达成。在江苏省农商银行网点转型工作表彰大会上，兴化农商银行获得"最佳组织""最美厅堂""最佳服务明星"等奖项。

《银行4.0》[②]中提到，"金融服务无处不在，就是不在银行网点"。兴化农商银行的实践证明，这个观点只说对了一半。准确的说法应该是，"金融服务可能在其他地方，也可能在网点"。对于地方性银行来说，不仅金融服务可能在网点，政务服务、生活服务也可以在网点。

"身份证之外的第二张卡"

社保卡，全称社会保障卡，是保障每一个公民多项权益的卡，具有三个典型特点：一是发行范围广，涉及每一个人；二是信息量全，覆盖每一个人的基本信息、就业状态、社保缴费情况、医疗保险信息等；三是可延展性强，可以加载金融、生活等多方面的功能。正是基于这些特点，社保卡的代办成了各家银行的"必争之地"，大有"得社保卡者得天下"的气势。兴化农商银行认为，如果社保卡业务被"抢"走了，这要比贷款"掐

[①] 中国金融出版社2020年5月出版。
[②] ［澳］布莱特·金（Brett King）著，广东经济出版社2019年1月出版。

尖"的"危害"更为严重，影响更加深远。

基于这样的判断，兴化农商银行在社保卡业务的争取上，不仅仅是作为一项业务来看待，而是作为一项基础设施来建设。既然是基础设施，就具有投入大、回报周期长等特点。兴化农商银行的做法主要是两个："舍得投入"和"用得起来"。

在"舍得投入"上，当兴化农商银行在与当地社保部门沟通中，了解到存在制卡费用多、办卡窗口少的实际困难时，一下子就全部"揽"了过来。一是全部承担制卡费用，总预算接近9000万元。对此，兴化农商银行认为，这个钱必须花，这要比建办公大楼更有实际意义。二是列为一把手工程，与班子成员分头带队，组建"社保专员服务队"，逐户对接各乡镇、单位，批量办理社保卡。三是在网点专设社保卡代办窗口，规范办理流程，进行一站式办理。未申领社保卡的人员可到全市任意网点办理首次申领；已持卡人员可至兴化农商银行任意网点办理补卡换卡、正式挂失与解挂等业务。四是针对高龄老人、特殊群体，提供上门服务。五是抽调员工定期驻点金融服务点，实现社保卡激活等业务"驻场办"。

"用得起来"是在社保卡的公共就业、社会保险、劳动关系、人才服务、就医结算等功能的基础上，加载金融功能和生活功能。金融功能陆续实现和正在实现银行卡的存取款、转账、消费、贷款、生活缴费等全部功能。生活功能涉猎公交、旅游等衣食住行游购娱全场景。由此，逐步将社保卡打造成为每一个兴化人的"市民卡"，成为身份证之外的第二张离不开的卡片，成为手机绑卡的主要使用卡。

到2022年末，兴化农商银行总共代办社保卡136.27万张，占兴化人口总数的90%，占兴化办理社保卡人数的95%，激活社保卡93.84万张，激活率68.86%，社保卡代发代扣覆盖率37.48%。可见，基础是扎实的，激活还需持续推动。但从一个角度可以看到这种"用得起来"的积极变化。在前些年高利率三年期存款还未完全消化的情况下,兴化农商银行的付息率近三年来每年下降10%。

在低利差时代,付息率成为银行竞争的一个主要指标。对于兴化农商银行这样的地方性银行来说,要想降低付息率,不能从降低规模上想办法,业务结构调整的余地也不大,而是要在活期存款上做文章。活期存款的背后,是客户活跃带来的用卡活跃。社保卡无疑承担起了这个主要的任务。

新邻里关系

老百姓常说,远亲不如近邻。随着城镇化的步伐不断加快,传统的邻里关系正在发生变化。比如,城里的人可能住对门,一年也很少说上几句话。但是,在某个社群里面,大家的交流,反而很活跃。可见,邻里关系的本质是互动,是能够相互交流与帮助,而不仅是物理距离上的靠近。基于这种变化,兴化农商银行在做实网格建设、做好网点转型、做广社保卡客群的基础上,通过"一手抓场景、一手抓互动",在巩固"家门口的银行"传统优势的同时,形成了新的邻里关系。

做好银行服务,首先要问"客户在哪里?"答案是客户在各式各样的场景里。兴化农商银行基于100多万兴化人的生活生产场景做了"全景分析",并逐个渗透、切入、融合,甚至占领,走出了一条从存贷汇到汇存贷的反向拓展之路,并以此逐步构筑起区域金融小生态。

在场景建设方面,将场景建设分为智慧校园、智慧菜场、智慧医疗、智慧食堂等十多个模块,分批次地推进。在这个过程中,还突出了"两个注重":一是注重自主开发运营,避免外部合作存在的周期偏长、费用较高、风险难控等问题,并打造了一支数字银行场景建设团队;二是注重以场景衍生场景,通过18个协会、48个特色行业,覆盖到3万经营主体(见表4-2)。

表 4-2　　兴化农商银行场景建设表（部分）

场景类别	场景名称	服务内容	服务效果
"智"社区	智慧校园	借助于成熟的家校通软件，与手机银行对接，通过投入门禁、班牌、考勤等硬件设备，为学校提供智能化的管理系统，为家长提供与学校联系沟通的软件平台	合作机构数量 8 个，交易笔数 1000 笔
"智"社区	智慧菜场	通过与第三方公司合作，投入一定的软硬件系统和设备，与该行结算渠道对接，为菜场提供统一、标准、规范的管理系统和电子设备，为菜场商户统一办理该行收单并接入系统	合作机构数量 3 个，交易笔数 20000 笔
"智"社区	智慧小区	建设某小区东门、南门的车辆道闸和行人门禁，并为小区业主和物业提供物业管理软件系统；并在未来 10 年内的金融业务推广方面具有独占性，同时小区道闸、门禁上的广告位归农商行所有	合作机构数量 1 个，交易笔数 200 笔
"智"社区	智慧医疗	在前期银医通项目基础上，增加人民医院挂号等功能，并结合手机银行、E 路有我等渠道进行推广	合作机构数量 43 个，交易笔数 300000 笔
"惠"生活	智慧旅游	通过"E 路有我"平台以优惠价格上架景点门票	合作机构数量 12 个，交易笔数 500 笔
"惠"生活	智慧出行	通过中石化、公交公司、洗车店以及交投公司覆盖市区的停车场和停车位，结合社保卡、贷记卡开展相关活动；与省联社智慧停车公司方合作，投入建设停车场，接入收单渠道，并开展相关活动	合作机构数量 13 个，交易笔数 8000 笔
"惠"生活	智慧食堂	借助于省联社"E 路有我"智慧食堂功能，挑选合适的部委办局或规模企业，提供智慧食堂软硬件系统，提升相关系统使用率和活跃率，同时结合社保卡等产品组合营销	合作机构数量 1 个，交易笔数 500 笔
"惠"生活	工会福利	通过"E 路有我"中工会福利项目在特约商户中进行工会福利消费	合作机构数量 15 个，交易笔数 300 笔
"惠"生活	共兴优选	通过"E 路有我"中智慧兴化项目在特约商户中进行补助职工食堂消费	合作机构数量 20 个，交易笔数 2000 笔

续表

场景类别	场景名称	服务内容	服务效果
"惠"生活	智慧商圈	与万达、吾悦广场等商圈类商户合作,提供ERP(企业管理系统)和结算软件及服务,同时配套开展相关银行卡优惠活动,使用该行结算渠道	合作机构数量3个,交易笔数10000笔
"惠"生活	税银缴费	与相关有缴费需求单位合作,通过手机银行生活缴费功能,为相关单位实现线上缴费服务	合作机构数量525个,交易笔数106200笔
"惠"生活	车主活动	通过与洗车店以及中石化加油站合作,结合社保卡、贷记卡开展相关满减活动	合作机构数量3个,交易笔数11000笔
"惠"生活	医享E通	助推"15分钟医疗服务圈"服务,让兴化130多万参保百姓在家门口就能享受到快捷、高效、优质的医保服务和金融服务	合作机构数量27个,交易笔数550000笔
"惠"生活	商超福利	以省联社"周末鼎优惠""鼎力相惠"两大活动主题搭建本土化特色活动,通过微信公众号、朋友圈、商户码牌广告等方式进行宣传,效果显著"周末鼎优惠"活动方面,按照不同消费场景,选取各行业头部商户,推出"特惠餐厅""特惠水果""特惠零食""特惠观影""特惠商超"等主题活动,每周末通过贷记卡消费享受相关优惠	合作机构数量33个,交易笔数40000笔
"惠"生活	餐饮福利		合作机构数量25个,交易笔数6300笔
"惠"生活	水果福利		合作机构数量6个,交易笔数12000笔
"惠"生活	面包福利		合作机构数量2个,交易笔数11000笔
"惠"生活	零食福利		合作机构数量2个,交易笔数3000笔
"惠"生活	观影福利		合作机构数量4个,交易笔数15000笔
"惠"生活	茶饮福利		合作机构数量2个,交易笔数3300笔

有了网点和场景的支撑,兴化农商银行在物理空间和虚拟空间不间断地同步开展各类活动。这些活动有的是江苏省联社统一组织的,有的是其自研开发的,主要方式有抽奖、发券等多种形式,主要目的是加强与客户的互动,促进银行卡绑卡活卡和收单业务活跃度。

大普惠 >>>>
地方性银行服务乡村振兴的兴化模式

在场景活动设计方面,根据活动开展周期,分为常态化和阶段性活动;根据参与类型,分为主动性和被动性活动;根据所属区域,分为城区活动和乡镇活动;根据参与渠道,分为社保卡和贷记卡活动。比如,按照不同消费场景,选取各行业头部商户,推出"特惠餐厅""特惠水果""特惠零食""特惠观影""特惠商超"等八大主题活动,每周末通过贷记卡消费享受相关优惠。又比如,围绕"有车一族"的加油、停车、洗车、ETC通行、维修保养五大需求,打造"鼎力相惠、车主福利"系列活动,通过与中石化、交投公司、万达广场等有影响力和覆盖面的单位和商户合作,促进客户绑卡用卡。再比如,针对乡镇地区活动场景普遍缺乏的现状,在全市各个乡镇(街道)选取辖内最大规模的商超进行合作,巩固农区营销成果。除了这些常态化的活动,还会结合行庆日、节假日等契机,开展绑卡有礼、立减金推送、用卡抽奖等系列活动。

通过新邻里关系的构筑,兴化农商银行的手机银行客户数达到了60万户以上,人均月活跃客户数达216户,优质收单商户占城区总商户数的55.31%,收单商户户均持有5个以上产品,综合贡献度525.2%,可谓收获颇丰,效果显著。而这些成果的背后,是一整套体系化的做法。由此,可以大致梳理出新邻里关系的底层逻辑——互动互助,就是在增强与客户交互的同时,实现互惠互利、各取所需。而这恰恰是邻里关系的核心本质。

网格深耕是大普惠模式的"主根脉"。只有扎根越深,大普惠模式的基础才越牢靠。在这一深耕的过程中,主要是采取了先普惠后金融的方式,通过强化非金融服务、承担政务职能等方式,将金融功能放大到普惠功能。金融功能是专业的、相对低频的,而普惠功能是全面的、比较高频

的，将此二者结合，才能为"扎根"创造良好的条件。

地方性属性是兴化农商银行的重要特征，只有充分发挥地方性属性的信息更加对称、做法更接地气的作用，才能体现出比较优势。"农区网格"采取组织化的方式，重在增户扩面，扩大普惠范围；"城区网格"采取以市场化为主的综合性措施组合，重点围绕商户这条主线，辐射C端客户，打造新的邻里银行；"园区网格"重在投放增量，夯实规模基础。不同区域采取不同的打法，体现出了务实而有效的特点。

兴化农商银行基于"铁脚板+大数据"的网格深耕之法，结合地方性银行的特色，做实线下，做快线上，建立起线下线上相结合的天罗地网，这是对"资金不出省、贷款不出县"政策导向的有效落实，不仅回归本源，而且发展得更好。中国人民银行南京分行副行长王海龙极为肯定这种做法，建议总结成农村信用体系建设的"兴化模式"，在泰州地区先推广试行，争取成为全省农村信用体系建设的样板。

兴化适宜竹子的生长，根深可达2米，随着竹子的生长，根会越来越密，当横向空间生长达到一定密度时，根会向下纵深，通过地下葡萄的根茎成片生长。兴化农商银行的网格深耕，犹如竹子的生长方式，不仅深扎根部，而且密织根系。郑板桥有一首题画诗："且让青山出一头，疏枝瘦干未能遒，明年百尺龙孙发，多恐青山逊一筹。"兴化农商银行以网格深耕来应对市场竞争，与这首诗何其相符！在潜心深耕的时候"且让青山出一头"，一旦成熟，"多恐青山逊一筹"，这给地方性银行带来的启示是，向下深耕，才能向上生长。

第5章 小银行的数字化转型之路

要想实现大普惠目标,必须要有强大的能力作为支撑。兴化农商银行在巩固和强化传统能力建设的同时,重点推动了"数字银行"战略工程,这是三大战略工程的第三项工程,是在"党建引领"战略工程整合地方资源、"网格建设"战略工程深耕本土客群的基础上,基于数字化时代的客户需求变化和乡村振兴质量提升需要而深度推进的一项工程,其突出体现是一个"快"字。如果说兴化农商银行的零售业务、普惠业务是在做升级,那么,数字化一定是在做转型,由传统银行向数字银行转型。

这种转型分别从新的"生产资料"、新的"生产力"和新的"生产关系"三个维度出发,分别从系统支持层面、数据管理层面、用户感知层面三个维度进行数字化升级,对应开展了业务系统升级、数据管理创新、智慧渠道建设,并取得了客群覆盖多、服务效率快、客户体验好、成本投入省的"多快好省"效果。由此,探索出一条适合地方性银行、具有兴化特色的数字化转型之路。

第1节　新的"生产资料"

地方性银行的数字化转型"怎么转"一度是业内讨论比较热烈的话题。兴化农商银行给出的答案是：业务数据化、数据信息化、信息价值化。这"三化"从业务出发，通过数据治理、信息转化，最终体现业务价值。也就是说，兴化农商银行的数字化转型是业务需求驱动的，旨在通过数字化更好地实现普惠金融"四性"特征（可获得性、可负担性、全面性和商业可持续性）的平衡，进而通过数字普惠的方式，加快乡村振兴的步伐。

生产要素"新成员"

数字普惠的前提是数字，数字的基础是数据，数据的关键在"有用"。兴化农商银行的数据采集不在于"大"，而在于"准"。其主要来源分为三个主要部分，分别为该行数据库、外部数据和政府数据（见表5-1）。

长期以来，"农村数据不完整、农业信息不对称、农户标签不健全"一直是制约"三农"金融供给的重要因素。兴化农商银行探索构建数据"采集获取—加工分析—系统应用"的完整链条，陆续建立了涵盖政府信息、社会公共信息、该行内部信息的多维度平台，并运用"大数据+网格化+铁脚板"模式，改变传统整村授信"一户一表"纸质留档的做法，自建移动数字工作台，实行"支行—自然村—农户"的三级建档，对名单获取、评议记录、授信导入等核心环节与家庭关系、信用等级、经营状况、地理位置等核心信息全部采用电子化录入，通过绘制网格地图、联动客户画像，形成动态化、可视化的数据资料库。目前，已实现辖内114.4万农户建档评议全覆盖，为各种涉农信贷产品提供集约化数据支撑。

表 5-1　　　　　　兴化农商银行数据采集来源表（部分）

数据	数据内容	来源
税务数据	1. 税务登记信息；2. 投资方信息；3. 税务变更信息；4. 申报信息；5. 征收信息；6. 利润表信息；7. 资产负债表信息；8. 供应商和客户信息；9. 违法违章信息；10. 稽查信息	微众税银公司
工商数据	1. 工商注册信息；2. 股东信息；3. 实际控制人信息；4. 工商变更信息；5. 管理层信息；6. 关系图谱；7. 司法拍卖；8. 股权出质；9. 欠税公告；10. 动产抵押	第三方提供商
司法数据	1. 被执行人信息；2. 法律诉讼信息	汇法网
黑名单	1. 银保监会黑名单；2. 小额贷款黑名单；3. P2P 黑名单	银保监会、同盾、百融网
反欺诈	反欺诈信息	同盾、百融网
政府数据	1. 社保信息；2. 公积金信息；3. 公安信息；4. 水、电费信息	政府
行内数据	1. 交易数据；2. 代发数据；3. 历史数据	本行
征信数据	1. 个人征信；2. 企业征信	人行

有了数据，还需要通过数据治理来提升数据质量。兴化农商银行专门制定了数据治理管理办法，提出并实行覆盖性、匹配性、持续性、有效性"四大原则"，明确了董事会、监事会和高级管理层的职责与责任，成立了"双层"数据管理组织：第一层为决策管理层，即数据治理工作领导小组；第二层为执行层，主要是总行相关部门及各分支机构，并明确了各自的职能分工和考核方式。归口管理的计划财务部门设立专职数据治理岗位，各部室设立数据专员，并为其明确专门的职业成长通道。配套建立了数据管理自评估机制、问责等机制，采取季度排名与年度考核的方式，将数据治理结果与支行运营评价结合起来。

在数据治理过程中，注重对数据质量的全流程管控，通过条线部室提需求、扎口部室建模型、业务部室盯整改的模式，以及建立模型指标、关联校验等方式，实现对数据质量的全流程度量、检核和监测，规范取数规则，明确数据指标含义，强化数据校核与纠偏，建立数据质量整改和反馈机制，持续跟踪整改效果，形成数据质量管理闭环。

针对涉农数据的加工分析，2019年起，通过"数据归档—数据迁移—数据核对—数据规范"四个步骤，建立大数据平台，形成涉农数据标准化数据集市。利用数据建模、数据挖掘等技术设计"三农"客户标签104个。开发智能风控系统，对信贷业务系统的准入规则和贷后管理风险模型进行分析整合，形成预警模型134个，形成"三农"客户360度画像，为线上信贷产品风控提供了智能保障。

可见，数据已经成为兴化农商银行新的生产要素，数据治理不仅是为了满足人民银行、监管部门统计方面的需要，而且变成兴化农商银行高质量发展的一个基础性工程和重要的抓手，融入了日常，变成了一项常态化工作。而由此所形成的数据思维、数据应用的文化，在当下是尤其珍贵的，也是值得称赞的。

"有用"才是硬道理

"数据"成为兴化农商银行新的"生产资料"，起到的作用相当全面。上到总行决策，下到一线营销，处处都是数据应用的场景。特别是自主开发全流程线上化贷款应用，设置"客户准入""额度测算""利率定价""贷后管理"四大模型，实现贷前自动筛除不良记录申请人，贷中自动测算授信额度与执行利率，贷后动态推送风险预警提示等功能。同时，建立智能分析决策系统，为供需精准匹配提供更加直观、清晰的数据呈现。

数据应用在业务层面的主要体现，就是"阳光e贷"。以此产品为例，来反映兴化农商银行数据应用的成果（见表5-2）。

表 5-2　　　　　　　　　"阳光 e 贷"简易要素

序号	项目	描述
1	产品名称	阳光 e 贷（基于大数据技术创新开发的线上普惠信贷产品）
2	贷款用途	经营或消费
3	授信额度	5000 元至 30 万元
4	年利率	按人行规定的利率政策（LPR）和本行利率管理要求执行
5	授信期限	最长 3 年，一次授信，循环使用
6	贷款主体	兴化市户籍的自然人
7	结息方式	按月结息
8	还本方式	灵活还本（按月、季、年还本）或到期还本
9	担保方式	信用或保证
10	罚息	合同载明的贷款利率水平上加收 50%

"阳光 e 贷"是兴化农商银行整合政府数据、征信数据、行内数据以及三方数据综合研发的一款针对农户、个人和小微企业主的信用贷款。通过建立贷前调查、贷时审查、贷后检查等多维度分析模型，实现业务办理线上化，贷前调查智能化、授信评级差异化、利率定价个性化和贷后预警自动化。该产品限额 30 万元，可用于经营或者消费，实行一次授信、三年循环使用、按月结息、到期还本。

申请人通过兴化农商银行的微信小程序即可自主线上申办，无须担保，系统自动审批，5 分钟给出授信额度。签约后，使用江苏省联社的"江苏农商银行手机银行"自主放款，贷款资金即可入账。主体流程分为授信签约、客户分配、自主用信功能开通及自主用信几个步骤。其中，借款人对反馈的信用贷款额度不满足时，可使用"追加担保"功能，获得更高的授信额度。客户分配分为客户自选、通信地址匹配、银行卡活跃度匹配、随机分配四种方式。已确定服务网点的客户，实行"抢单制"，即其管户权由所在网点客户经理主动抢单确定。对于客户经理未抢单的客户，由支行行长进行管户权分配，所有管户权分配最迟于客户成功签约后的下一工作日完成（见图5-1）。

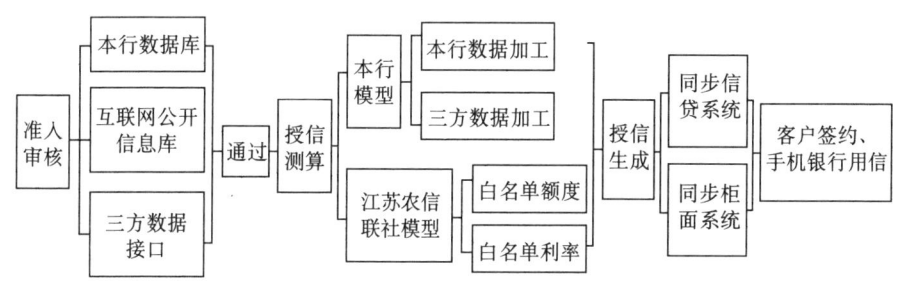

图5-1　"阳光e贷"流程简图

可见，"阳光e贷"具有"纯线上+免担保""自授信+自助贷""全天候+不等候""无手续+低成本""线上办+线下转""广授信+多用信"等特点，因此，一经上线，很快就成为"爆品"，不仅受到了客户的追捧，也引起了省、市、县三级政府的高度重视。

2017年12月19日，"阳光e贷"在中堡镇率先上线试运行，10个月的时间就覆盖了兴化市所有乡镇。2019年1月17日，兴化市委、市政府专题召开全市金融服务乡村振兴战略暨"阳光e贷"全面推广启动大会，各乡镇随之进行动员，形成党、政、银三线共推的火热局面。截至2022年末，"阳光e贷"授信73.21亿元，共计80491户，不良贷款率仅为0.99%，成为兴化农商银行的明星产品。

这就是数据的魅力，其在解决银行与客户之间信息不对称方面的作用越来越显著。所不同的是，地方性银行对于数据的采集和应用，不应该是"大数据"的做法，而应该是"真数据"的做法，兴化农商银行在这一点上认得很准，做得很实，效果也很理想。只有把这个基础打好了，数字普惠才能真正地落在地上，取得效果。

第 2 节　新的"生产力"

如果说数据是新的"生产资料",那么,科技就是新的"生产力"。两者相加,才能爆发出强大的数字化效能。2020 年新冠疫情发生以后,兴化农商银行从自主开发、与江苏省联社联调到上线运行共用 1.5 个工作日,就设计出"全民抗疫贷、兴商抗疫贷、助企抗疫贷"三大特色产品,迅速满足不同客户在特殊时期的需求。2022 年稳住经济大盘会议以后,兴化农商银行又在第一时间推出了 12 条暖企惠民政策。之所以可以快速响应政策要求和市场的变化,就是因为有了充分的数据积淀和扎实的技术基础做底层保障。

业务数据化　数据信息化　信息价值化

兴化农商银行是应用江苏省联社大数据平台的第一家法人机构试点单位,从一开始试点,就按照需求驱动、数据赋能、技术协同的路子来推动,通过"三步三化"保证了试点的成功,也为同业积累了宝贵的经验。

第一步是强化数据治理,实现业务数据化。在这一过程中,主要是做到了"三个同步"。

"第一个同步"是平台建设与数据治理同步。兴化农商银行的数仓建设是同行业中做得比较早的,最早可追溯到 2013 年就开始探索。但分步式大数据平台的建设始于 2018 年。这一平台是兴化农商银行在江苏省联社指导和支持下建设的,充分满足了行内数据处理能力需求,并预留机器学习等迭代升级的空间。这为后来的业务发展提供了极大的支持。

"第二个同步"是系统建设与数据应用同步。这主要反映在管理会计、经营指标检测、绩效考核等应用上,有力地提高了管理效能。

"第三个同步"是场景建设与数据管理同步。在场景拓展与维护过程中,不仅实现了当期业务的发展,也通过数据管理,为行业分析等未来发展积累了宝贵的数据资源(见图5-2)。

图5-2 兴化农商银行大数据平台建设历程简图

第二步是强化数据分析,实现数据信息化。主要体现在三个方面。

首先是打造了基于"大数据+智能分析技术"的数据分析平台,化"数据"为"策略",可以让各部门、各支行简单方便地根据业务需求对数据自主进行多维智能分析,支持自定义特色报表的展示,提供数据大屏看板,增加了数字化在决策中的"话语权"和便利度。

其次是建立客户标签体系,由客户画像向客户"刻像"过渡,将客户从"平面画"变得"立体像",更加形象直观,更加精准有形,也更加便于营销与服务。

最后是打造管理与风控平台,为人力资源、信贷等提供管住员工、管住风险的智能化手段,让管理通过技术升级变得更加有效率,更加有效能。

第三步是强化数据融合,实现信息价值化。在数据信息化的基础上,全力推动信息价值化,主要体现在两个方面。

一方面是在推进"网格建设"工程中,充分体现数字价值。通过自主开发的移动端数字工作台,实现支行—自然村—农户的三级建档,方便客户经理在实地走访时进行实时录入和修改,链接客户画像,全面展现农户相关信息。同时,以"见人知底、见图识情"为要求,做到网格客户信息全知晓、达标客户授信全覆盖。

另一方面是通过开放自身的金融服务给政务服务平台、抖音、快手等第三方使用,突破物理网点与手机银行 App 的局限,推广线上金融产品和服务,促进与客户的互动,以互动促活跃、增黏性。

在这一过程中,建成了"金融服务开放平台"。这是一个以科技驱动为基础、以开放能力为模式、以平台生态为目标的综合服务平台,实现与兴化本地各类应用场景的对接,可以将行内的数字化能力向第三方平台或场景进行开放,也可以依托数字化能力进行自我打造或联合打造应用场景。

综合来看,兴化农商银行的"三步三化"不是就技术抓技术,而是基于经营与管理的需要,利用数据这一新的"生产资料",实现了本土化技术改造。这就相当于做菜,根据客人的口味,选用天然食材,加以专业大厨的烹饪,必定是一桌可口的"大餐"。

"自主+联合式科技开发"

近年来,芯片争夺成为一场"没有硝烟的战争"。由此,给我们带来许多启示。其中一条,就是在关键的技术领域要自主。但是,地方性银行普遍存在科技力量薄弱、开发能力不足等实际问题,"拿来主义"尚且困难,更何谈自主?我们来看一下兴化农商银行是怎么做的。

兴化农商银行秉持"自主为主、联合为辅"的原则,实行"自主+联合式科技开发"模式,并采取项目制方式来推动。项目的确立,基于业务需要，要能增强核心竞争能力，扩大市场份额，或能产生良好的社会与经济效益。项目分为应用开发类项目和基础设施类项目两个大类，项目审批采取审慎原则，不"上"则已，一"上"见效，大致的流程是明确项目牵头组—完成项目可行性研究—申请项目立项—立项审批。

项目实施和管理的重点是把住"两道关口"：一是人的"关口"。项目经理根据授权对项目组全权管理，因此，项目经理的确定至关重要，一般由行长室、科技管理部门、项目牵头组、监察、人事部门共同来商定。二是安全的"关口"。这方面，有严密的规范要求和制度体系。比如，接口使用管理务必做到"三个不"：不得将开放的接口用于授权范围之外的信息系统，不得直接或间接改变数据形式后提供给第三方，也不得用于项目需求之外的其他目的。

同时保持开放的态度，不排除联合的方式，对项目进行外包与合作开发。为此，专门制定了信息科技外包管理办法，要求外包与合作开发以满足需求、保证质量、提高效率、风险可控、成本可议、不妨碍核心能力建设、保障网络和信息安全为基本原则。只有满足以下四个条件才考虑外包与合作开发：外部公司具有江苏省级联社、兴化农商银行不具备的明显技术优势和项目开发经验；能引进先进管理模式和产品；可显著降低成本，或赢得竞争优势；全行系统内开发力量不足。

同步明确了信息科技的战略管理、核心管理、风险管理、网络安全管理以及内部审计等职能不外包。在此基础上，从外包或者合作公司准入、审批、招投标等方面形成了一套成熟且适用的管理模式。

通过这样的技术布局和管理创新，兴化农商银行的智能化水平取得显著的进步，涵盖了智能厅堂、智能信贷、智能营销和智能管理四个大的方面。

在智能厅堂方面，实现智能机具全覆盖。从2018年江苏省最早一批上线智能柜员机开始，目前已经实现网点全覆盖，超过80%的柜员业务均可在智慧柜员机上办理。在此基础上，根据网点综合效能情况分析，利用科技赋能，科学分流厅堂业务，实现厅堂客户流量、客户办理业务时间的实时监控。升级叫号机系统，实现叫号用户信息实时同步大堂经理及柜员，展示客户画像和风险信息，实现精准识别。梳理存贷款、电子银行等20余种产品推荐模型，对每一位客户的每一种产品赋推荐值，实现客户产品推荐"私人订制"。

在智能信贷方面，实现"三化"效果。一是加强内外部风险数据整合，实现决策风控数字化；二是强化模型与系统建设，实现决策风控流程化；三是加强风险识别监测，实现决策风控场景化。

其中，重点建设了智能风控平台和智能审批平台。智能风控平台已建立135个风险指标模型，涵盖风险探测、风险客户圈选、风险推送等功能，推动实现风险管理从风险防范向主动风险管理转变。智能审批系统通过设定各类授信模型，自动完成对贷款授信额度、期限、利率的核定，并自动生成授信意见，支行在审批渠道提交后，自动同步至江苏省联社信贷风险管理系统的业务流程。由此，实现了办贷效率、风控能力、客户体验的"三提升"。

在智能营销方面，实现了精准营销的效果。通过广泛的数据采集、深度加工分析和推广使用中的不断互动纠偏，建立起完整、简洁、实用的客户标签体系，让客户标签成为员工日常营销和服务的主要依托。一方面，实现了客群分类式营销。营销人员通过客户360度画像系统，可以全面看到企业及自然人客户的基本信息、家庭信息、存贷款信息、电子银行业务信息、网格信息、风险信息、涉诉信息、征信信息、流水分析信息等，以及相应的分析判断结果。另一方面，实现了客群场景营销。通过在客户360度画像基础上的客户关联关系图谱打造，将单一的客户勾连成密不可分的群体网络，进而将营销活动有的放矢地嵌入各类场景服务当中。

在智能管理方面，将科学技术、数据分析全面植入各个职能板块，提升总部效能。无论是管理会计，还是绩效考核，无论是流程优化，还是公文流转，处处都能感受到智能的应用。

以银行管理当中的一个重点——合规管理为例，兴化农商银行自建合规案防系统，将江苏省联社的员工行为管理系统八大模块154个模型，整合优化迁入案防网格化系统，并增加了员工合规档案模块、员工历年违规情况对比表、单位历年违规情况对比表、个人征信信息对比分析表及员工行为排查统计表、员工违规积分情况录入系统等功能。通过数字化非现场检测，检测员工的异常行为及业务的合规性。以此，过去许多管理上理想很"丰满"、现实很"骨感"的问题，都迎刃而解。

通过"自主+联合"的方式进行科技建设，兴化农商银行不仅成果丰硕，应用广泛，而且高效安全，成为江苏省联社"重点关注的对象"，其自建的多个系统，被江苏省联社"相中"，并在全省推广。比如，在全省率先与兴化市纪委、财政局、农业农村局共同建设村级集体资金阳光监管平台，实现市、镇、村三级动态管理和网络化监管，有效规范农村资金管理。目前该平台开立监管账户472个。为此，江苏省联社在兴化专门召开现场推广会。总的来看，兴化农商银行通过内外联合、自主为先的科技开发方式，形成了科技开花、业务结果、客户享用、政府好评、省联社推广的良好局面（见表5-3）。

表5-3　　　　　　　　　科技开发成果统计

系统名称	主要功能	应用领域	建设方式
"三资"平台	村级资金管理	村集体经济组织资金管理	自主
CRM客户关系管理系统	客户关系管理	贷前、贷中、贷后全流程客户管理	自主

续表

系统名称	主要功能	应用领域	建设方式
数字工作台	集营销、管理、考核、绩效、福利于一体的综合化管理平台，可以实现决策数字化、管理精细化、营销精准化	综合移动工作台	自主
新绩效系统	通过个人绩效报告让员工随时掌握自己的每一笔业务绩效。通过支行绩效报告、总行绩效报告让支行行长、总行领导随时随地了解整体绩效和预算支出情况	绩效管理	自主
精准营销推送（数字营销）	数字营销中引入营销模型等技术，持续为支行提供精准的营销清单，以提高获客能力和营销效率	前台营销	自主
领导驾驶舱	为各条线部门提供经营日报、业务分析数据，帮助实现决策数字化	决策分析	自主
"三区"网格建设	实现"农区""城区""园区"三类网格数据采集、查询、进度监控、数据分析等功能，打造农户、商户、企业的一体化动态资料库	前台营销	自主
智能风控系统	依据大数据平台整合行内外数据，设计风险模型	贷前、贷中、贷后全流程风控	自主
大数据监控平台	大屏展示公司企业、城区商户、网格工程、支行网点、金融服务点五大业务的大数据统计情况，以及展示对应的公司画像、商户画像、网格画像、支行画像、金融服务点画像	数据可视化	自主
智能审批系统	通过设定各类授信模型，自动完成对贷款授信额度、期限、利率的核定，并自动生成授信意见，支行在信贷业务集中运营管理系统智能化审批渠道提交后，自动同步至江苏省联社信贷风险管理系统的业务流程	贷款审批	自主
信贷全流程系统	主要包括贷款调查、网格走访、贷款审批、贷后管理、合同管理五大模块，系统各模块中嵌入风控模型、风险筛查、额度模型、利率模型、合同自动生成打印等功能，旨在改变客户经理传统网点办公模式，借助信贷全流程系统实现移动化办公、无纸化办公，让客户经理走出去，让客户体验更佳	集走访、调查、审批、贷后于一体的普惠金融移动工作平台	自主

续表

系统名称	主要功能	应用领域	建设方式
线上化产品体系	打造线上化产品体系，推出线上化金融产品	线上信贷产品	自主
数字银行场景建设	智慧菜场、智慧食堂、智慧医疗、智慧校园、共兴优选等数字银行场景	智慧场景	自主
公积金还商贷系统	与公积金中心共建，开发公积金还商贷系统，成为泰州地区首批实现利用公积金还商业贷款的银行机构	公积金还商贷	自主
交通局"银企直联"项目	配合兴化市交通运输局实施"银企直联"项目，实现与招行CBS系统单项交互，系统实施后省交建局可以通过招行CBS系统实时监督兴化交通运输局在该行账户资金变动情况	兴化交通运输局资金监管	自主
税费统一支付平台	受兴化市自然资源和规划局、财政局、税务局、人行兴化支行等部门共同委托，开发税费统一支付平台，实现不动产登记"一次收费，后台自动分账"	不动产登记	自主

第3节 新的"生产关系"

生产力与生产关系是一种辩证统一的关系，什么样的生产力需要什么样的生产关系，但是，生产关系不适合生产力发展的客观要求的时候，就会成为阻碍因素。理解了这一层逻辑，我们就会理解，为什么许多银行投入大量财力、物力、人力和精力，但科技建设总是差强人意。一个主要的原因就在于没有处理好两者之间的关系。

"理工男、不一般"

地方性银行数字化转型，资源少、能力弱、短板多，因此，顶层设计很关键。顶层设计的关键，是需要一把手真正具有数据思维。也就是说，真正能够意识到数据对于业务推动的实用价值。但这还不是主要的，而是怎么样处理好"生产关系"，正确带领和有效激发科技团队。

在兴化农商银行，有这样一个认识："科技男，不一般"。"科技男"不代表做科技工作的都是男的，而是以男同志为主。关键是对"不一般"的理解，要分为三个层面来理解。第一个层面是"不一般"的管理，这支队伍不能像其他领域一样去常规管理，其有自身的规律性和特殊性；第二个层面是"不一般"的激励，要强调团队的专业性、安全性和空间性，更主要的是激发兴趣带来的内驱力；第三个层面是"不一般"的效果，其他领域的管理，带来的是业务领域的线性增长，而科技领域的管理，带来的业务领域增长可能是指数型增长。

基于这样的认识，兴化农商银行在农金系统内少见地设置了一个首席信息官的职位，在数字化转型方面协助董事长抓好数字银行战略工程的总体规划与策略落地，帮助经营层分管或协管相关条线，分管科技部、数字银行中心，协管普惠金融部、电子银行部。由此可以看出，首席信息官既是决策参与者，也是管理执行者，首席信息官既要实现决策层面的需求融合，也要体现出一定的专业分工与边界。

在笔者看来，这种探索的意义是非常大的。其意义就在于在组织层面做了"边缘化"探索。随着科技的进步、产业的发展，过去人们固有认知里面的产业分类、岗位分工已经越来越不适应时代的需要。特别是在农业农村领域，过去的第一、第二、第三产业分类已经快速地走向了融合。一个企业很可能既有种养殖产业，也有生产线，还在抓销售；一个农民可能这边种着地，那边还在通过自媒体平台卖着土特产，也可能到周边企业打着工。这种打破"边界"的产业、身份等现象已经成为社会发展的一股浪潮，而银行的组织层面却有着非常明确的层级与分工，很难适应这种外部的变化。

而兴化农商银行的首席信息官方式，可能有别于许多银行首席信息官的职能定位，也不同于一般的组织管理原理和专业管理的方式，但效果是非常好的，为地方性银行紧跟数字化时代、应对各种快速变化做出了新的尝试。

"花香不在多"

地方性银行的地域性极强，区位各异，除了部分处于一、二线城市和省会城市的银行，有效的科技团队是很难打造出来的。兴化农商银行作为一个区位并不优越的县级市银行，实现这个目标更是难上加难。可以说只有一条道路，那就是自我培养。这种自我培养的方法，反而取得了意想不到的效果：不仅技术敏捷，而且团队敏捷。在郑板桥兴化故居有一副对联："室雅何须大，花香不在多"。兴化农商银行的科技团队也体现出了这种风格，不需"花多"，但有"花香"的效果。

自我培养是一个体系化的过程，做法上也和许多银行大致相同，兴化农商银行之所以可以做得好，其实就在一个"实"字上。其中，有几个做法颇具独特性。

◆特殊通道。兴化农商银行为科技人员专门制定了技术等级管理办法，根据技术人员的工作岗位、职责分工、工作经验、专业水平、知识结构、综合素质、工作业绩等情况，将技术人员的职位序列细分为高级技术人员、中级技术人员、初级技术人员和其他技术人员四类，每一类下面又进行了不同的分级，并细化量化了具体的升级标准。技术人员转化为行政管理人员的，不再参与这个系列的晋级。

由此，在技术人员的职业成长道路上，树立了"再努力一下"就能到达下一个"小目标"的自激励体系。这对于分层思维、结构化思维比较强的科技人员来说比较适用，可以达到不间断自我激励的效果。

◆特设机制。兴化农商银行根据"人手不足"但"任务不少"的实际,根据产品平台管理、数据分析、业务工具开发、基本系统运维等不同场景,划分为运维小组、数据小组、开发小组、建模小组等不同小组,实行分工不分家、设岗不设限的协作模式。

除了岗位之间的联动,还有部门之间的联动,形成了"数字化需求统筹""数字化科技创新"两大工作惯例,根据项目需要,组建跨部门、跨条线、矩阵式的工作团队。在人员锻炼成熟的基础上,加强人员的双向流动,有效解决了业务部门只会提要求不会提需求、科技部门只管技术不顾业务的问题。

◆特别队伍。除了技术条线的"常规军",兴化农商银行还有一支"机动队",就是以青年员工兴趣为导向组建的科技创新小组。这支队伍没有建制,根据项目临时组建,没有额外收益,全凭兴趣相投,通过"靶向式"培养,为科技人才储备库储备人才。

通过这种自我培养的方式,兴化农商银行建起了一支了解地方、熟悉业务、技术专业的复合型人才队伍。我们来看一个真实的案例,来体会这种自我培养的魅力。

现任科技部副总经理的余永江,从1992年就参加信用社工作,先后从事记账员、信贷员、主办会计等岗位工作。1997年起全辖开始推广电子化业务,当时仅高中学历的他,从零开始,学习计算机基础知识和应用编程知识,并将所学与所用结合起来。

余永江每年主动进行各类认证和考试,除学历提升和业务领域职称资格外,还通过了信息系统监理师职称考试、CCNA网络工程师、VMware系统工程师、CCNP网络高级工程师的全球考试认证,通过了CISP信息安全工程师专业认证,获得了工业和信息化部颁发的"工业和信息化领域急需紧缺人才培养工程证书"。

余永江带头研究新技术应用，推动全行计算机系统各类联网应用从无到有，由弱到强。由其主导建设的数据中心机房获得中国质量认证中心（CQC）颁发的增强级（GB50174-2017 A级）国标最高等级证书，成为江苏省银行业系统首家通过此最新标准认证的数据中心机房；其主导推进全行IT运行管理和信息安全的规范化和体系化建设，先后通过ISO20000信息技术服务管理体系、ISO27001信息安全管理体系和ISO22301业务连续性管理体系三大国际标准认证。

余永江的成长进步离不开兴化农商银行自主培养的机制保障，离不开兴化农商银行为其创造的学习和实践的环境。近年来，兴化农商银行有针对性地引入和招聘了一些技术方面的专业人才，都要进行一系列实践锻炼，让这些专业人员从单一专业视角切换至多元复合视角、从西装革履做派转变为双脚踩在大地上，变成乡村振兴的金融科技力量。

大普惠需要大能力，大能力中最大的短板是数字化能力。兴化农商银行采取务实有效的方式，加快数字化转型步伐，从数据、技术和管理三个角度增强新的能力。有了数字银行的成果体现，兴化农商银行无论是普惠金融的各类产品推广，还是乡村振兴中特色产品的定制，无论是传统的业务和管理，还是新的政务、民生场景拓展，都变成了一种可能。

关于地方性银行的数字化转型，业界有不同的看法。在笔者看来，数字化转型对于地方性银行来说，首先是一种态度。所谓态度，体现出的是主动拥抱数字化时代的学习态度和开放性思维。换句话说，首先是敢不敢探索、愿不愿尝试的问题。兴化农商银行从2013年就开始建立数仓，体现出历届领导者的眼光与担当。

其次才是怎么做的问题。关于"怎么做"？兴化农商银行的数字化转型，是通过数字银行战略工程的实施来推动的，是基于业务与管理的效率提升和风控约束来推动的，尤其以效率为主。同时，兼顾投入、人员等实际，突出了实用、适用、管用等特点，有效地促进了业务发展，有效地提升了工作效率，有效地优化了客户体验。这与其对地方性银行数字化的"原始理解"是完全符合的。这个"原始理解"，就是数字化要帮助支行和员工更好地完成任务。这个"原始理解"听着务虚，实则紧接地气。由此，一个只有18人的科技团队，才可能自建并有效运行"三库一平台"（农村核心数据库、存量业务数据库、社会共享数据库和分布式大数据平台），走出一条多快好省的数字化转型之路。

总体来看，兴化农商银行的数字化转型之路，是一种以线下反攻线上、以需求驱动技术、以实用保障效果的做法。其成功之处，不在于技术的先进性，而在于适用性，在于对自身定位的把握度和对业务的理解度。而这，也应该是小银行数字化转型的可行路径。

第6章 管理的进化

兴化农商银行的党建引领工程拔高了定位、整合了资源，网格建设工程放大了功能，数字银行工程增强了能力，呈现出加速旋转的"飞轮效应"，推动兴化农商银行实现从传统普惠的第一增长曲线，顺畅地切换到大普惠的第二增长曲线，让金融服务乡村振兴的各项工作稳健推进，各类成果不断涌现。

"外行看热闹、内行看门道"。所谓"门道"，说的是做事的原理和方法。大普惠模式的"门道"，就是持续进化的管理理念和方式，这就相当于给三大战略工程又安装了"加速器"，实现了效率的加速度，也像是一股隐形的力量，推动着旧有的工作不断突破，各项新的举措切实落地。在旧与新的交替当中，实现了乡村振兴与自身可持续发展相互促动和螺旋式上升。

第1节　协同＞分工

现代企业管理制度的建立，与工业社会的分工理论密切相关。我国在新中国成立后快速进入工业化，也同步引进和照搬了工业社会管理经验，导致中国特色的管理理论存在一个短板。加之数字社会的迅猛发展，传统的分工理论，很难适应新的产业发展的需要。于是，"协同"成为近年来组织管理当中的一个高频词。兴化农商银行的实践证明，分工是必要的，没有分工就没有职责边界和效率保证，但协同更加重要，因为银行提供的是服务，不是工业品，服务需要每个人的温度，更需要协同作战。

在乡村振兴方面，兴化农商银行通过规则、利益、文化的同步推动，来保证这种协同的效果体现。"规则"主要体现在员工成长机制建设上，以乡村振兴方面的能力体现和业绩体现作为职业成长的依据；"利益"主要体现在绩效考核上，将更多的绩效考核倾斜于普惠金融板块；"文化"主要体现在信仰培养方面，引导员工树立"不要洗脚进城"的思想，以服务"三农"为荣，以服务乡村振兴为价值核心，进而从心底里喜欢"三农"事业，更加坚信乡村振兴的美好未来。

"融合"与"融入"

地方性银行是地方治理的有效抓手，也是地方经济和社会生态当中的一分子。在地方生态当中，需要与地方政府、社会各界做好协同，这样才能生存下来，进而很好地生长。

在众行下沉普惠领域的今天，地方性银行尤其需要生态思维。在这样一个局部的生态当中，金融资源是有限的，每一家银行生存和发展都需要资源，这必然导致激烈的竞争。在这种背景下，地方性银行一般只有两条路可走，要么血拼，要么选择避开。兴化农商银行比较巧妙的是，走了一条符合自身特色的道路。其突出的体现是两点：一是精耕细作，就是把地方性银行的"根"扎得再深一点，把根须织得更密一些；二是与众不同，"你打你的，我打我的"，在自己的优势项目上持续发力。

这些"优势项目"就是基于地方性属性而确立的业务领域和具体做法，主要集中在普惠金融和乡村振兴板块。但是，这些板块的任务往往是

第6章 管理的进化

综合性、长期性工程，需要体系化推动，仅靠地方性银行往往是很难办到的，也需要银行权衡好长远发展与短期目标之间的关系。对此，兴化农商银行通过"融合"与"融入"两个办法，解决了这两个关键的问题。

◆融合。兴化农商银行把乡村振兴的任务，融合到产品推广当中，使之成为经营指标的考核项目，以此处理好党委会与经营层及支行目标不同的问题。

党委会是管方向、管大局的，而经营层和支行所面临的任务是完成当期指标。怎样处理好两者之间的关系，看似简单，实则至为重要。我们以2022年第三季度的考核为例，其中就有8款产品为乡村振兴类产品投放额考核。比如，"兴村易贷""兴锋e贷""动产和权利担保贷款"。这些产品本身就是乡村振兴任务与银行产品的组合，以这种考核的方式，实现了党委会方向指引与经营层及支行当期指标之间的统一，也实现了长远发展与短期收益之间的有效融合。

◆融入。从某种角度看，地方党委、政府是全能型的，是公益导向的，而银行是专业型的，是商业性的。处理好这二者之间的关系至为重要。兴化农商银行的做法是主动融入，主动作为，赢得兴化市市委、市政府的信任和支持。

近年来，兴化市委、市政府持续推动招商引资、科技创新、产业开放、园区改造、城市升级等重点工作，兴化农商银行也在持续做好跟进服务、主动服务、靠前服务和贴身服务。立足区域定位和产业资源禀赋，加大对"亩均论英雄""专精特新小巨人""千企滴灌"等项目的跟踪力度，为实体经济提供稳定的金融血液输送。比如，针对"两区三园"招商企业的125个项目建立信息台账，开立账户68户，存量合作客户54户。

为了保证"融入"的效果，兴化农商银行专门建立了一个外联外拓的机制作为支撑。所谓外联外拓，就是利用地方性银行的人员、地缘、情缘优势,将行内员工的人脉资源转变为业务联络和拓展资源,并将其规范化、公开化、制度化,建立专门的组织和工作流程,明确各自的分工与目标,匹配不同的任务和资源。以此为纲,织密各个机关、企事业单位的联络网、合作网。地方资源是有限的,而提供金融服务的银行,不只有兴化农商银行一家,这种方式可以在竞合当中体现出一定的比较优势。

除了地方党委、政府,兴化农商银行还与当地的主要产业、核心企业、其他金融机构等生态伙伴建立良好的生态关系。其主要的做法,也是主动融入每一个共生系统,并在其中找到自身不可或缺的定位,和其他主体形成价值共生。这种"融入"是做好整个系统中银行专业或者比较优势的一环,保证与各共生主体之间的高效协同,共同把蛋糕做大,把客户服务好,把价值创造出来。兴化农商银行在其中发挥着应有作用,而不是全部作用,创造应有的价值,而不是全部价值。

这一个"融合"、一个"融入",体现出的是兴化农商银行内外协同的开放思路。这是非常契合数字化时代和符合自身定位的思维,能够通过协同带来系统效率最大化,充分发挥独立法人的独特优势,不断放大共兴金融的协同效应。

拆除"部门墙"

美国通用电气(GE)前总裁杰克·韦尔奇说:"企业的组织就像是一幢房子,当一个组织变大时,房子的墙和门就增多,这些墙和门会阻碍部门间的沟通和协调。而为了加强沟通和协调,你必须把这些墙和门拆除。"作为一个运行70年的金融机构,兴化农商银行也确实存在"部门墙""玻璃门"的问题,但他们的解决方式,不是"拆墙""破门",而是统筹。这种统筹主要是三个方式:"法治""人治"和"文治"。

◆"法治"。就是建好机制,梳理好流程,用固定的规范之法保证常态化的协同。特别是在岗位设置、部门职能确定方面,注重岗位之间、部门之间的分工与协同。最突出的体现,就是前、中、后台和前台的零售、公司和金融市场三条线之间的协同。

这方面的体现有许多,举两个例子。第一个例子,公司部门是一个准事业部制,完全可以独立拓展业务、独立计价的。但是,在职能设置上,要求针对对公客户,要主动联动零售部门,并由零售部门来确定承接支行、相关计价等事项。第二个例子,在员工离职的程序上,从员工发起辞职申请开始,人力资源部门会做好薪酬、绩效等审核工作,后勤保障部门会做好门禁、饭卡等注销工作,信贷部门会针对职工贷款等事项进行相应办理,风险部门会做好员工合规的监督反馈等。这一系列操作,既全面,又快速。

◆"人治"。主要是针对流程没有规定和超越领导分管之外的协同事项。由总行副行长及以上领导根据工作事项涉及的范围、重要的程度来临时确定。

这一统筹区别于相关正式会议,就事论事,本着快速、有效解决问题的目的来推动,以此来响应一线的需求。这是地方性银行比较独特的一个优势。只要是奔着问题去、冲着打胜仗,往往一个电话、几个人一碰,就能"定"了许多事情,体现出短、平、快的决策优势。

◆"文治"。主要是在行内大力倡导协同价值观,推行首问负责文化。在本书的写作中,由于涉及材料多,涉及跨部门的事项也比较多,因此,笔者担心沟通方面会出现比较大的问题。但实际情况证明笔者的担心是多余的。不论问到哪个部门,掌握情况的,会主动去提供信息,不掌握的,也会主动了解后反馈信息。

这里通过笔者在此次写作过程中的感受,来验证这种协同的"文治"效果。董事会秘书嵇红霞负责行方的协调,办公室李鹏飞负责抓落实。整个过程中，可以说是有求必应，分毫不差。笔者还了解到，嵇红霞家老人住院、李鹏飞的孩子生病期间，他们也没有耽误工作开展。办公室冯婷婷在江苏省联社借调，忙里偷闲帮笔者将大量的材料发过来，并标注出需要重点关注的内容，每次电话交流，总会站在笔者的角度，提出许多笔者没有想到、无法掌握的情况，让整个写作进度大为提升。科技部门的陈雪会将笔者所需要的材料附上一段简要说明，帮助笔者更好地了解相关事项的来龙去脉，涉及其他部门的事情，也会尽可能帮着笔者去找，实在找不到的，还会推荐相关人员与笔者对接，并跟进了解后续情况。这些点点滴滴，是协同工作惯性的真实体现。

这种左右协同不仅体现在总行的部门之间，在支行层面也有反映。比如，支行会根据淡旺季、柜面服务高低峰等情况，弹性安排工作，柜员可以走出柜面到大堂里面做营销，也可以与客户经理组成营销小组做外拓，以此实现岗位之间的有效协同和人力资源的最大化利用。

通过"法治""人治""文治"三种方式，兴化农商银行有效地拆除了分工制度下的"部门墙"，在体现分工带来的职责明确的同时，以协同的方式，进一步提升了效率，放大了效果，实现了分工与协同的完美结合。

"问题墙"与"回音壁"

《孙子兵法》云："上下同欲者胜"。"同欲"的前提是协同。最能体现兴化农商银行上下协同的方式，就是内联机制。所谓内联机制是针对内部工作中涉及的问题及时沟通和解决的机制，主要是针对一线提出的问题进行研究和答复的机制。

这项机制主要经历了两个阶段的不断完善。第一个阶段是总行部门总经理挂钩支行阶段；第二个阶段是在总行部门总经理挂钩支行的基础上，统筹其他挂钩部门总经理，是为片区长，由此，实现了人数减少、效率提升的效果。全行分别设置东部、西部、南部、北部、中部5个片区，每个片区设置片区长1名。片区长由总行管理实战经验丰富的部室总经理担任，只有服务，没有报酬，完全是"义务劳动"，这是一份荣誉的"苦力活儿"。片区长主要负责两项工作：一是了解和指导片区支行经营状况；二是收集问题，并对接至对口部门，即时反馈解决。每天都要与支行、与部门进行至少一次专门沟通。在这个过程中，有两个做法非常有特色，也很实用。

◆问题墙。主要是把收集的问题张贴到主会议室、食堂门口、一楼出入口等公开场合，把问题"公之于众"。这样，既便于大家监督，也可以更大范围地征求更多"金点子""好主意"。

◆回音壁。针对大家提上来的问题，通过微信群等开放平台予以反馈，这既是在回应提出问题的支行，也是在给其他支行提供同类问题的统一答案；还会选取部分问题，将反馈意见张贴在公开场合，供大家学习交流。

以上两个做法的统筹则是放到了"行长办公扩大会议"上。这个会议由总行行长召集，各个经营层成员和部门负责人参加，每月召开一次，主要是针对支行反映的问题进行集中复盘和研究，属于片区统筹上的再统筹。会议将所有问题分为两个大类：一类是"已解答"问题，主要是通过片区长协调解决的事情；另一类是"待讨论"问题，主要是需要领导拍板的事情。对于"已解答"的问题，进行再复盘，看是否还有更好的补充；对于"待讨论"的事项，联合确定解决方案，并及时反馈支行。

在这两个做法之外，在兴化农商银行，笔者还看到了机关岗位设置中一个很有意思的岗位——业务指导岗。这个岗位是做什么的呢？说得高大上一点，就是通过充分调研支行和员工的工作开展情况，有针对性地提出改进意见和建议。说得具体点，就是走到支行、走到员工和客户中间，以平行视角，真实了解总行政策、产品和管理制度在一线当中的实际情况，以及客户的接纳度、体验感。

相比于领导调研等方式，这种岗位设置方式具有几个特点。第一，可以听到最真实的声音。由于是岗位员工之间的沟通，具有先天的亲和力优势，可以从不同于高管、中层干部的角度，了解员工的真实想法，包括负面想法，更容易形成同理心、认同感。第二，可以听得见"炮声"。大量的一线走访，可以了解该行业务效果，也了解到市场竞争情况。第三，可以实现常态化倾听。由于是岗位职责，所以业务指导岗专心专注做这一件事情，可以做到心无旁骛。相比于阶段性的了解，更加全面和真实。第四，可以走规范汇报通道。根据了解的情况，可以选择直接上报决策层，进而将一线的问题解决变成决策参考依据。第五，可以同步做好业务指导，将一线的建议变为部门出台政策的参考依据，也可以将部门的政策精准地传导到支行、到员工，甚至是客户中间。第六，可以促进支行之间的经验交流，用更加优秀的案例复制优秀的案例。

总体来看，兴化农商银行在上下协同方面是下了大功夫的，不仅有机制的联动，还有岗位的设置。这种保障，能够有效地解决沟通不畅带来的效率损失，形成"上下同欲者胜"的工作局面。

第 2 节　好的过程＝好的结果

结果导向是我们经常能听到的一种管理理念。但在兴化农商银行，笔者更多听到的一种管理理念是过程导向。在他们看来，过程导向是做事的思维，结果导向是做官的思维，人们所能控制的是过程，而不是结果，只有管好了过程，才能得到好的结果。

从前文所述当中，相信读者已经了解到了这种过程管理的一些做法。比如，网格建设战略工程中的过程管理标准，网点厅堂"营业前—营业中—营业后"的过程管理标准化流程。可以说，这种管理方式蕴含在每个业务当中。下文分别从信息打通、复盘管控、经验萃取三个维度，来管窥这种过程管理的闭环操作方法。

业务清单化、清单责任化、责任效果化

在兴化农商银行的管理当中，有一个方法是值得大书特书的，这就是"三化"工作法：业务清单化、清单责任化、责任效果化。这是其抓过程、保效果屡试不爽的一个好办法。先期，这一方法主要应用在各项专项活动当中；慢慢地，变成了一种工作惯性和团队文化。

所谓业务清单化，就是把要开展的业务或者所做的工作在画出思维导图的同时，以清单制的方式列出每一个细项的具体内容。由此，你会在他们的许多工作材料当中，首先看到一张思维导图，进而了解到更加全面而详细的举措。所谓清单责任化，就是会在确定业务清单的同时，明确责任部门或者责任人以及明确责任内容。所谓责任效果化是进一步明确工作目标以及对应的奖惩标准。

粗略一看，这好像就是管理中的"规定动作"；深入探究，其实里面"别有洞天"。我们以小额普惠贷款增户扩面攻坚战这个实际案例，来还原一下这套打法的主干部分。

推送三大清单：流失客户走访清单客户22745户，个体工商户走访清单客户49129户，价值客户走访清单客户5232户。

推送增量扩面十大路径：一是家庭金融亲友裂变；二是低利率小额信用贷款固化首贷户；三是批量营销企业员工、协会成员、商圈商户、村社

干部、政企员工、核心客户上下游；四是针对性产品、服务拓展消费金融；五是发动厅堂专职营销人员作用推广试用信；六是挽回已流失的历史有用信客户；七是线下转化线上申请微瑕未通过客户；八是转化存量收单客户；九是唤醒存量授信未用信、高频大额动账客户；十是挖掘本行有账户未授用信长尾客户。

推送贷款增量十大路径：一是网格化新增小额客户；二是存量额度提升；三是授信未用动员；四是流失客户挽回；五是他行策反营销；六是大额推荐公司部；七是历史按揭客户激活；八是在外能人返乡投资；九是新增按揭投放；十是历史用信客户跟进。

成立联合保障小组，向一线员工提供实时咨询回复和技术支撑，最高回复业务咨询信息的单日峰值近3000次。

建立积分管理制度，鼓励员工通过主动思考、分享经验获得积分奖励，给予培训学习、评优表彰到晋升通道等激励措施。

除了这些内容，各个部门也都有对应的"三化"要求。比如，办公室要做好舆论造势、物料保障，党群部门要做好家访慰问活动等。总之，就是"全行一盘棋"，大家围绕一个共同的目标，在各自的岗位上，对照清单，履行责任，确保效果。

这种"三化"工作法的关键词是靠前和主动。"清单化"是提前预判，不打无准备的仗；"责任化"是主动担当，不做"壁上观"。有了这两点的保障，打胜仗的"效果化"也就水到渠成。

杜绝"低水平勤奋"

《论语》中讲到："吾日三省吾身，为人谋而不忠乎"。这其实就是现代管理学上的复盘。兴化农商银行非常重视复盘的作用，在他们看来，不懂得复盘，再努力都是低水平勤奋。复盘是从过去获得力量，不论是好的经验,还是坏的教训,都要复盘。复盘的直接目的是更好地解决问题、面对未来,间接目的是借事修人、转变心智、提升本领。为此,兴化农商银行专门制定了工作复盘的三项原则和四大目标。

兴化农商银行工作复盘原则

- 对事不对人,数据说话、实事求是;
- 尖锐不刻薄,开放心态、坦诚相待;
- 知无不言言无不尽,反省反思、集思广益。

兴化农商银行工作复盘目标

- 强化目标:为了量化工作与跟催进度;
- 避免失误:为了同样的错误不再发生;
- 复制技巧:为了传承经验和复制能力;
- 发现规律:为了总结规律与固化流程。

接着,我们来看一下实际案例。路桥农商银行网格化营销引领全国同业,在学习回来的复盘会上,经营层与部门、支行负责同志"坐而论术""不讲道理"。永丰支行刘伟认为,必须建立起客户经理淘汰机制,这样才能改变原来一日做客户经理,只要不犯错误,就永远做客户经理,而不考虑其业绩增长情况。戴窑支行杨健提出要学习路桥的"家信用"概念。林湖支行许斌提出要解放客户经理的精力,为客户经理"减负"。垛田支行赵仕明表态,马上根据各村产业特色,制定一村一册网格化营销方案,真正做到村村入网,人人进格。公司业务部陈余斌提出要学习路桥听证考核的方法,加强企业走访质量的考核,做到二次、三次走访、考核,最终将走访的客户落实到用信客户。科技部倪晓荣则是谈经对比后的本部门不足:数据支撑不到位、系统支撑不到位、应用培训不到位,并提出如何改进。

除了学习这样定点式的复盘,更多的复盘体现在工作的日常经营和管理当中。比如，在2020年11月开展的为期半个月的"城区收单业务走访大营销"活动中，总行每晚组织城区支行开展复盘会，通报工作业绩，交流走访进度，分析营销痛点，商讨解决路径。大家按照复盘原则，积极讨论发言，集思广益，寻求工作方式最优解，每日进步一点点。原以为任务艰巨的"大仗"，不仅取得了超预期的效果，而且完成得比较轻松。

这样的学习复盘场景，每次都会有详细的记录和梳理，最终形成了问题提出—自我批评—改进提升的工作惯例。通过复盘，兴化农商银行用日常的自省，在杜绝了低水平勤奋的同时，也改变了每个员工工作的姿态，激发出每个人的内驱力。这既是意料之外，也在情理之中。

发掘经验"金矿"

人们常说，经验就是财富。兴化农商银行对这句话做了进一步的延展，那就是经验需要萃取，萃取的经验需要分享，分享的经验需要传承，传承的经验才是财富。也就是说，只有对经验从萃取到分享、从分享到传承，才能体现经验的价值（见图6-1）。

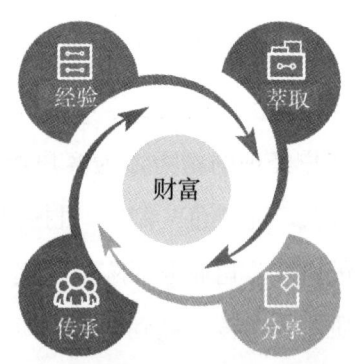

图6-1 兴化农商银行经验管理简图

兴化农商银行有一个"行内交流、请勿外传"的《经营管理行为模型指导手册》，定期发送。这里面汇集了支行、员工关于经营和管理中的各类"秘籍"。这就是从支行和个人两个角度萃取出来的各种好经验、好办法。我们来看一个经验萃取的案例。

一张粉红纸=490万元贷款

世界上从来不缺少美,只是缺少发现。

市场上从来不缺少客户,只要足够用心。

在有心人眼里,遍地机会;在敷衍者心中,无事不难。

01. 一张粉红的纸

2020年2月20日,新冠正凶,无数人被困在家中。

缸顾支行行长陈强照例要到支行值班,一切都与平时一样。

陈行长却不知道,这一天,老天给他准备了一份不小的惊喜。

缸顾村那条老路,陈行长已经走了很多次,但这次,悄然发生了一个极易被忽视的变化:路边,竖了一块薄板;板上,贴着一张粉红的纸。

一张纸而已。

与纸擦肩而过的刹那,陈行长停下了车。

那是一张很普通的纸,甚至还有些土。

很多人可能会无视,很多人可能会看几眼,然后离去,忘记,就像一切都不曾发生。

然而,陈行长掏出了手机,拍下了那张纸。

在多数人眼里,那不过是一张纸。

但在陈行长眼里,那张纸上,藏着一次可能彼此成就的机会。

那是一张什么纸?一张光荣榜:缸顾村冠状病毒防疫工作捐赠公布榜。

其中,捐赠较多的三位老板中,两位是支行老客户。

另一位顾先生,却完全陌生。

陈行长想,这样热心公益的人,很可能也是老板。不仅值得学习,很可能也会有金融服务需求,我们彼此或许有互利共赢的机会。

至少要联系下试试看。万一有缘了呢?

可怎么联系顾先生呢?

02. 沟通从赞美开始

到了支行,陈行长打开了整村授信资料库,顾先生果然名列其中。

资料显示,顾先生在某大城市从事租赁事业,很有实力。

加微信试试。

陈行长添加了顾先生的手机号码,微信竟然通过了。

加了微信,怎么聊呢?

与客户初次交流非常重要,第一印象如果不好,后期很难弥补。

好印象,往往从真诚的赞美开始。

微信那头,顾先生展示了很高的素质,显然是高端人士。

陈行长直接把照片发给了顾先生,并附言:顾总慷慨解囊,值得我们学习。

一段美好友谊,就此开启……

03. 一笔金额不小的贷款

2020年3月5日,全国复工复产如火如荼。

陈行长再次微信顾先生:如果您或者亲戚朋友复工复产有任何资金需求,请和我联系。

顾先生回复:谢谢陈行的关心。如有需要肯定请您帮忙。另外,如到上海一定给我来电,薄酒一杯表示我的心意。

好消息有时来得快了一点。

3月6日,陈行长收到了两张照片:房产证。

顾先生一亲戚因事业发展,需要资金,计划用房产抵押融资。

此后,陈行长基本上保持每周和客户联系一次。

第6章 管理的进化

5月底，一笔490万元的抵押贷款正式放出。

此外，顾先生投资的奶茶品牌连锁店正在快速发展，预计后期还有融资需求。

这一张纸的故事，还将继续……

服务，就是与客户彼此成就。

在这条互利共赢的路上，陈行长脚踏实地。

事实再次证明：

愉快的合作，都从用心开始。

给你惊喜的，从来不是老天，而是自己的用心。

你若用心，便是晴天。古今中外，从无例外。

这种经验萃取方式，简单而自然，让其他同事看了有身临其境的感觉。在通过这种文字方式分享的同时，兴化农商银行还采取多种方式进行分享。

◆会议分享：抽取支行行长现场介绍工作开展情况、亮点工作经验。

◆"论道"系列视频：组织头部支行行长录制短视频，分享管理经验。

◆营销技巧视频：组织年轻客户经理，录制营销案例视频，在微信群分享。

◆"行长开讲班"：介绍管理经验、数据分析、整村授信等经验。

◆头脑风暴会：组织骨干客户经理，面对面进行头脑风暴，从营销方法到管理建议、从指标设置到发展方向，畅所欲言。

这些在工作和活动中有优秀经验分享的干部员工，均能够在正向积分体系下获得积分，这在鼓励全行员工多创佳绩的同时，多总结思考、多分享经验。而这种经验萃取与分享，消除了总行、支行与员工间的信息不对称。总行全程参与支行的创新活动，及时进行总结，形成模板，为需要学习借鉴的支行活动提供有力的指导帮助。由此，实现了"经验"这一蕴藏在每个人身上、每个支行中间"看不见的财富",通过萃取、分享和传承,不断放大,变成更多人的"闪光点",变成照亮不断发展的"聚光灯""远光灯",实现让更优秀的人带动更多优秀的人的目的。

在本书的构思过程中,曹文铭董事长一再强调一个观点:我们不是在写书,我们是在通过写书的方式来萃取经验价值。由此,我们不禁感慨,许多地方性银行之所以落后,一个主要的原因就是不注重经验的传承。特别是在任期制导致的干部频繁更换的背景下,往往换一任领导,就会换一个"套路"。不像大行,有固定的工作流程,更换领导不影响总体的运行。如果说经验就是财富,那么,就要把这种财富挖掘出来。否则,经验的损失,就是财富的损失。特别是在低利率时代,这种经验萃取的价值就更大。这种"小招数"往往起着大作用。

第3节 打造释放型组织

"上面千条线,下面一根针。"在传统的管理模式下,银行的机关总部和下面的支行虽名为一体,实则泾渭分明。原因就在于机关部门的管理重于服务,由此,导致内耗不小。在日益激烈的市场竞争中,不解决这个问题,支行的竞争往往会败在内部,而并不是外部。

针对这一问题,兴化农商银行既没有简单地放弃管理,也没有空喊强化服务,而是采取了弹琴式调节方式。也就是说,该强化管理的,务必要更加强化,该强化服务的,务必要更加强化服务,将管理与服务寓于赋能当中,打造赋能型总部、释放型组织。

第6章 管理的进化

"能减则减"

熵增定律本来是热力学的一个定律，后来被引入了管理学范畴，比喻一个组织随着时间的推移，积淀了许多无序的东西，让组织负重而行。华为等国内外大企业都提出了对抗"熵增"的概念，并将其作为企业生存和发展的基本法则。这一点，笔者在兴化农商银行也深刻地感受到了。

在参与的一次小范围交流会议中，下属请示一件事情，曹文铭董事长就两句话，第一，政策是如何规定的；第二，不突破外部的政策红线，内部可以优化。后来，兴化农商银行的人告诉笔者，这是兴化农商银行一种新的工作惯例，有政策规定的，一定要按照政策规定的办，没有政策规定的，行里面就可以自行确立规则，变成执行依据。在疫情期间，这种感受令笔者尤其有感触，相比于有些地方的层层加码式防疫，兴化农商银行在工作中则是在层层减负。

在为支行减负这件事情上，兴化农商银行主要是利用机制和科技来实现，以此来保证"能减则减"的常态化和高效率。

机制减负方面，兴化农商银行专门制定了"减轻基层负担促进业务提质二十条"，涉及报表材料、业务系统、制度流程、培训管理、学习考试、微信群组、考核督查、职责权限8个方面，几乎覆盖了机关的各项职能。

以风险条线的贷后分层分类管理机制为例，至少可以从四个方面为支行减负。首先，降低了频次。由于对贷后做了分层分类，部分情况是不需要客户经理去执行的。其次，改变了方式。在过去必须现场检查的基础上，增加了非现场检查，而且更多的是非现场检查。再次，是更加精准化。在客户经理检查之前，总行运营条线会协助进行电话回访，风险条线会协助进行风险确认等工作，由此，让客户经理可以精准地做贷后。最后，实现了动态化。总行有关部门按照支行的建议，动态调节预警系统规则。对于触发预警系统的客户，客户经理可以"一对一"地进行贷后检查。已经成为不良贷款的，会流转到资产管理部门，采取专人进行诉讼等方式清收，不需要支行再费太多力气。

科技减负方面，可圈可点的地方也很多，这虽然是一项"在路上"的工作，但是，一贯推动的主体思路就是怎样把人"释放"出来，尽量让科技帮助支行和员工减轻工作负担，帮助支行和员工更有效率地完成任务指标。前文提到的智能风控系统，就很大程度上"减掉"了支行依靠人来"跑腿"的难点。智能审批系统替代原有依靠信贷经验和人工核查佐证来进行人工审批。在提高小额贷款投放效能、保证风险可控的同时，也为支行节约了人力、减轻了负担。

华为任正非说，未来的战争是班长的战争。银行在长期的一线"对决"中，比拼的往往不是谁的能力更强，而是谁的负担更轻。兴化农商银行这种持续为支行、为员工减负的方式，有力地推动了每个"阵地"的赢取。在这个过程中，每个支行、每个人的竞争压力和任务压力虽然并没有减轻，甚至更重了，但这是一种"痛并快乐着"的幸福。

"应赋尽赋"

在减负的同时，兴化农商银行还在做一件事情——赋能。相比于减负的机制化、科技化，赋能的体现更多是在全面性和实用性上面。所谓全面性，就是无所不包、无处不在；所谓实用性，就是有的放矢、务见成效。如果把各家支行比作是驶向"乡村振兴站"的汽车，那么总行就是"铺路者""加油站"。

"铺路者"的角色主要体现在政策优化和生态环境营造两个方面。

在政策优化方面，兴化农商银行经过多方争取沟通，将有关诉求写入

第6章 管理的进化

了兴化市委、市政府下发的《兴化市党建引领发展壮大村级集体经济三年行动计划（2021—2023 年)》等文件当中。比如，《兴化市抓党建促"村""民"共富行动方案》明确，"发挥好乡村振兴金融党委作用，用好用活兴化农商银行的'兴村易贷''兴锋 e 贷'金融产品"。以此，为支行联动属地政府、整合属地资源、促进工作开展提供了权威的政策支撑。

在优化外部政策的同时，兴化农商银行也同步优化内部政策，包括内部资金转移定价、绩效考核激励、审批权限设置、风险容忍度设定、尽职免责等方面都有所涉猎，可谓拿出了最大"诚意"。比如，普惠型小微企业的不良贷款可以高于平均贷款不良率 3 个百分点。

在环境营造方面，兴化农商银行参与修订《兴化市"信用村、信用户和信用企业"评价管理办法》，以此植入主动贡献的价值。配套出台优惠政策。比如，对"信用村"所在地企业及"信用企业"的贷款执行利率低于同期、同类、同档贷款，并优先发放贴息贷款。"信用村"所在地企业、"信用企业"及"信用户"所开办的企业可享受免收签发银票、办理保函、结算等手续费。通过推进农村信用体系建设，在营造"信用有用""信用有价"新乡风的同时，也为支行批量获客、提升资产质量提供了环境保障。

在"铺路"的同时，还要"鼓劲儿"，这就是"加油站"的角色发挥。除了上下两级联动，不断开展各类人文关怀活动，还定期举办"最美奋斗者"评选与表彰，并以兴化市文明办等政府名义发文，提升表彰的含金量和激励度。利用晨夕会等机会，润物无声地宣灌共兴文化，倡导"说干就干、重在实干""今天再晚也是早，明天再早也是晚"的个人"座右铭"活动，不断激励全员文化认同感、乡村振兴参与度。

"铺路"与"加油"仅仅是一种比喻，根本无法穷尽兴化农商银行赋能一线的全貌。但我们可以看出，通过这种管理方式的转换，"上面千条线"变成了"背后无穷力","下面一根针"变成了"不是一个人在战斗"。这种不经意间的转换,才是兴化农商银行管理的大智慧。

"该管必管"

减负与赋能,是管理的"理"的主要体现,但另一面还是要"管",就好比教育孩子,严管与厚爱结合起来,才有更好的效果,否则,厚爱就可能是溺爱。关键在于怎么"管"。兴化农商银行的主要做法是,管住该管的,守住该守的。

"管住该管的"主要体现为"三个重于"原则,即"管定位重于管业务""管放重于管收""管人重于管贷"。这是兴化农商银行对比定位偏离带来的"灰暗时刻"和零售转型的"高光时刻"得出的宝贵经验。

所谓"管定位重于管业务",就是从战略、经营和管理各个方面扎紧篱笆,保证朝着做小做散的方向发展,这是"头号大事"。对于地方性银行来说,做小做散的战略价值很多,不仅可以分散风险、节约资本、熨平周期,更关键的是,在这一过程中,全员参战,能够让每一个人有舞台,让每一个人提升本领,让每一个人体现价值。还有一个"意外收获",就是保护干部员工。用兴化农商银行的话说:做小做散是保持亲清关系的终极手段。

所谓"管放重于管收",就是要把工作做到前面,多在"治未病"上下功夫。做小做散的大风险,往往出现在行业预判上,而行业预判的风险非支行及客户经理所能承载,需要总行层面做好整体统筹。统筹是方向、方法,不是制度条款的叠加和层层加码。"管放"不仅是在保护信贷资产,也是在保护员工,这比事后总结、严格问责更有意义。

"管人重于管贷",就是要把人的风险管好了,把人的能力提升了,特别是把人的精神提振了,不仅可以保证风险可控度,关键是可以更好地发

第6章 管理的进化

展。零售信贷风险更多的是个人的道德风险,但道德往往是不好评判的,主要是定性的,不是定量的。兴化农商银行认为,人的道德很多时候是通过行为体现出来的。因此,抓员工行为管理,要比简单的道德评价更有用处。通过员工行为管理系统、家访等方式,可以了解员工的行为体现。在此基础上,加大问责力度,绝不以经济处罚代替纪律处分,同时对违规现象不举报的相关人员实施"连坐",达到"惩处一个、震慑一批、教育一片"的效果。

守住该守的,主要是坚持底线思维,守住廉洁底线、合规底线。底线守住了,其他工作也不会走偏。兴化农商银行在全省率先在监事会下专设廉洁从业监督委员会,这个委员会突出的特点是抓早抓小抓日常。主要聚焦从业行为规范,明确"亲""清"等方面的要求。兴化农商银行还专门建设了"廉风竹韵"清廉文化品牌(见图6-2),围绕这个品牌,持续开展"清廉典型"选树、"贤内助""廉内助"评选、廉洁从业口袋书学习、"家廉互动"专题员工家访等活动,从小事"敲打"来杜绝大错误的发生。

图6-2 兴化农商银行"廉风竹韵"文化品牌

整体来看,兴化农商银行是在打造一个风筝型的释放组织。"该管必管"就是那根线,必须牢牢地抓起来。在此基础上,通过减负、赋能等方式动态调节,"风筝"就能高高地飞扬,支行和员工就能在总行的助力下放开手脚,大干一场,全行就能形成热情高昂、激情如火的工作景象。

大普惠 >>>>
地方性银行服务乡村振兴的兴化模式

    兴化农商银行通过持续不断的管理进化，让大普惠模式的效率再提速。通过内外协同、左右协同、上下协同，兴化农商银行充分地体现出独立法人短、频、快的比较优势，有效解决了层级制管理体制下的组织活力问题。这种协同所带来的系统化思维、体系化打法，无论是在外部业务拓展上，还是内部文化培育上，价值都是无法估量的。通过过程管理的方式，在经营和管理当中注入了"催化剂"，以过程的正确保证了结果的成效。而总部赋能，不仅实现了"要让马儿跑，先给吃饱草"，还给"减负担""做赋能"，让马儿不跑都不行。同时，紧紧地拉住"马儿"的缰绳，在保证安全的基础上，自由驰骋。

    在日益激烈的竞争下，"让听得见炮火的人来指挥战斗"成为许多企业组织再造和管理优化的一种新口号。但这只是表象，其本质考验的不只是一线，而是总部的调控、赋能和保障能力。兴化农商银行的一整套打法，犹如太极拳法，看似无形，实则内功强大，看似支行在"战斗"，实则是全行在"战斗"，看似员工是英雄，实则团队才是大英雄。

第7章 激活第一资源

人是一切事业成功的根本,人力资源是任何一个组织的第一资源。兴化农商银行服务乡村振兴的大普惠模式也不例外。对于地方性银行来说,人力资源不仅是第一资源,而且还是第一成本。兴化农商银行认为,人力资源的浪费是最大的浪费,人力资源的效能是最大的效能。把"人"的事情做好了,充分激活第一资源,才能实现从成本到资源的"翻转",不仅可以提升人均效能,而且可以杜绝"最大的浪费"。

但是,地方性银行中人的关系错综复杂,人的素养参差不齐,人的管理体制相对封闭。怎样激活人力资源,将人力成本变为人力资源,进而升级为人力资本,这是一个非常根本的命题。兴化农商银行以员工的职业生涯为主线,在每个阶段都做了务实而富有特色的工作,让员工与银行共同成长,一起进步,共同描绘乡村振兴的美好蓝图。

第1节 "筑巢引凤"

古人讲,"凡事预则立,不预则废"。任何事情都需要提前做好准备,才可能实现预期的目标。兴化农商银行近年来发展得风生水起,引来了社会各界的关注,也引来了许多求职者的关注,这与其在各个方面的"准备"有直接的关系。怎样把这种关注度转化为发展红利、人才红利,兴化农商银行的做法是:"栽下梧桐树,引得凤凰来"。

互动式播撒"种子"

地方性银行长期在一方耕耘,与当地的老百姓形成了水乳交融的关系。虽然,范围有大有小,但这种互动关系是典型的特征。兴化农商银行在业务层面积极构建新的邻里关系的同时,"从娃娃抓起",种下这种关系的"种子",并慢慢地陪伴其发芽—生长—开花—结果。

这方面的工作,兴化农商银行开展了许多,主要可以归结为两大类:一类是日常性活动,日积月累,渐成气象;另一类是机制性建设,形成惯性,常态保障。

日常性活动有多种形式。其中,针对少儿群体,各网点持续开展"小小银行家"系列活动,通过知识宣讲、职业体验、才艺比赛等方式,帮助树立正确的金融价值观。针对高考学生,每年都会在临近考点支行门口设立"爱心助考驿站",为参加高考的考生和家长提供休息和避暑场所,并免费提供文具、矿泉水、扇子、口罩、复印等物品和服务。而每年持续组织的兴化农商银行高考学子志愿填报讲座已经成为当地的一个品牌。这一方面体现了兴化农商银行为梦想加油、为高考助力的社会担当,另一方面也是鼓励更多的学子在学成之后能够回归家乡,能够加入兴化农商银行这个大家庭。

机制性建设方面主要也是两类。一类是"点亮微心愿"。这是兴化农商银行成立的爱心天使协会,主要是为了助力贫困学子圆梦,根据学子们的"微心愿"清单,了解困境学生的学习生活情况,把"心愿"礼物交到他们手中,并鼓励他们努力学习,开心生活;另一类是广泛地赞助当地学生书包等用品,已经形成一种新的工作机制,在帮助学生学习的同时,也潜移默化地在学生脑海中留下了对兴化农商银行的印象,打下了品牌基础。

这一系列活动的组织和常态化的机制建设,是兴化农商银行"不打无准备的仗"的一种体现。地方性银行可选择的人才并不多,希望外部大量引入并不现实,而且往往存在"水土不服"的问题。这种将工作做在日常业务当中,将"种子"种在学生时代,也是一种有益探索。

体验式社会实践

每年的寒暑假,兴化农商银行都会组织体验式社会实践,并积极配合兴化市委组织部、团市委开展"青鸟归兴"活动,为兴化籍学子提供大量实习岗位和职场辅导。实践报名人数从最初的十几人到现在的200多人,从最初的"请人来",到现在的"选人来"。

这其中,到底是因为大学生的实践意愿变强了,还是因为兴化农商银行的影响力变大了呢?兴化农商银行人力资源部总经理卞书垚谦虚地说,二者皆而有之。但在笔者看来,可能后者的作用更大。

面对求职竞争越来越激烈的大环境,在校大学生不得不提前学习相关技能、积攒相关经历。那么,可以去哪里实践呢?"口碑"当然是最好的宣传,兴化农商银行每年实践开始前,都会组织专业培训。实践中,会明确分组、帮带导师,定期PK和复盘。实践结束后,还会举办实践结业仪式,给予属于他们的"仪式感"。这样学生工作起来不会觉得吃力,客户办起业务来也感觉快速、便捷,实践氛围其乐融融。

因此,今年参加过的,明年还想来;今年没参加过的,听同学说起,明年也想来,甚至有些客户知道给自己办理业务的是在校大学生,也会让自己的孩子在次年放假时报名兴化农商银行社会实践活动。下面,我们以一位实习生最简单而朴实的聊天记录,来感受一下莘莘学子最真实的想法。

大普惠 >>>>
地方性银行服务乡村振兴的兴化模式

2022 年 2 月 16 日

"姐姐，今年暑假我还想来实习可以吗？"

"当然，我们暑期实践活动内容更加丰富呢！"

2022 年 5 月 30 日

"姐姐，暑假实践报名开始了吗？"

"目前还没有哦，近期会在公众号上发布招聘通知，要注意关注呀！"

"好滴好滴，就生怕错过了，哈哈！"

2022 年 7 月 1 日

"姐姐，今年怎么还要预面试啊？会不会落选啊？"

"今年原本我们是计划招 60 名暑期实习生的，但是报名人数已经超 200 人了，一方面是为了多了解大家一些，另一方面也是让大家多了解了解我们。你去年的表现这么好，预面试好好表现肯定没问题的啊，加油！"

"嗯嗯，我会好好准备的，谢谢姐姐！"

2022 年 8 月 20 日

"姐姐，今年的暑期实践真的让我收获颇多，不仅为我们提供了文艺作品创作比赛、职业生涯座谈会、结业典礼各种活动，还让我真真切切地了解了兴化农商银行的共兴文化，更加坚定了我毕业后要考上兴化农商银行的信念，谢谢你们！"

文字背后，可以感受到这些孩子对兴化农商银行发自内心的认同，这与兴化农商银行的利他之心紧密相关。实践活动考虑的永远都是大学生通过此次实践能够获得什么，而不是大学生的实践能够为兴化农商银行带来什么。这也是兴化农商银行社会实践活动一年办得比一年红火、校园招聘报名人数越来越火爆的关键所在。精心开展社会实践活动既是帮助大学生增长才干，更是鼓励他们学成归来后选择兴化这片"花开的地方"施展抱负，为校园招聘储备优秀种子的同时，为乡村振兴准备更多更优秀的人才。

精准式员工招聘

员工招聘在任何一个组织当中都具有多重意义，不仅可以输入新的血液，带来新的活力，还能改善人力资源结构，提升工作效率，促进管理、技术等方面的变革。对于地方性银行来说，员工招聘更需要慎之又慎，因为地方性银行的员工流动性相对较小，可谓"一聘定终身"，更需要将"急需的""互补的""价值观相投的"人选好。

兴化农商银行的员工招聘突出的特征就是"精准"两个字，在他们看来，招聘员工不是一个简单的人事问题，也不是短期的问题，而是一个全行战略性资源的问题。因此，在每次员工招聘之前都要做好充分的准备工作，重点是"明需求"和"定对策"。

"明需求"方面，兴化农商银行每年都会对行内员工年龄结构、员工素质等基本情况进行盘点，摸清人才"总盘子"和"分布图"，分析研判人才缺口方向和数量。在此基础上，再做人力招聘的规划。规划突出体现"精细"与"实际"两个特点，务求每个环节都充分展现企业文化，实现招聘双方的全方位合拍。

"定对策"方面，针对每年选拔一批优秀员工至"快贷团队"，由此造成柜面人员紧缺的现状，兴化农商银行开展精准式宣传推广，提升招聘效度。除了网站、公众号、公交车广告等宣传方式，兴化农商银行还入驻江苏省智慧就业平台，发布高校招聘信息，与高校团委、院系辅导员、优秀学生直接联系，宣传招聘员工的需求，解决了高校和学生招聘信息不对称问题。

针对"高精尖优"人才短缺现状，兴化农商银行坚持五湖四海、广纳贤才，开展靶向式社会招聘，加大同业人才引入力度。近两年，从本地和异地招入10余名有市场资源、营销经验或管理水平的金融同业员工。结合各人优势和特长,分别分配到营销一线"摔打"培养,签订相应目标责任状,对表现较突出的员工及时搭"梯子"、压"担子",现已有1名员工被推送到支行行长岗位上继续磨砺锻炼,3人从事大客户经理岗位。

"只要路是对的,就不怕路远"。兴化农商银行在员工招聘上如此重视和下功夫,就是清醒地认识到,人才是兴化农商银行发展的真正希望所在,只有抓好员工招聘入口关,才是对未来负责、对长远发展的助力,也才能保证乡村振兴大计的有效实现。

第 2 节 "孵化培育"

北宋明相范仲淹在《上时相仪制举书》中曰:"夫善国者,莫先育才;育才之方,莫先劝学。"这个道理,同样适用于银行的人才培育。作为深受景范文化熏陶的兴化农商银行,对这一点理解得更加透彻,也更加重视。

"苗圃训练营"

对于新入职的员工,培训是第一道"工序"。但是,要想自己搞好一个培训项目,首先得解决好三个问题:一是培训形式怎么搞;二是课程内容有哪些;三是课程老师哪里来。

2020年12月,兴化农商银行在疫情肆虐、江苏省联社无法举办集中培训的情况下,计划自行组织新员工培训。可是,过去没有什么好的经验,怎么办?学!兴化农商银行邀请了三方公司,全程负责"苗圃一期"培训项目,对新入职员工开展1个月的军训、文化、理论、技能、座谈、团建等内容丰富的岗前培训。邀请三方公司是花了费用的，但培训方案、培训形式、培训内容都"偷师"成功。

万事俱备，只欠东风，老师哪里来呢？要想教出好学生，老师也得足够优秀。为了解决这个问题，兴化农商银行在"苗圃二期"开班前，组织了内训师培训。因此，2021年12月的"苗圃二期"只邀请了三方公司进行班级管理，节约了2/3的费用。

与此同时，兴化农商银行也在思考，为什么班级管理不可以自己做呢？于是，选拔优秀员工作为辅导员跟班管理，选拔退伍军人员工当起了教官。从2022年6月的"苗圃三期"开始，兴化农商银行就实现了新入职员工培训班的完全内训。短短一年半的时间，为兴化农商银行培养了一批又一批与该行奋斗文化高度匹配的新生力量，还节约了不少费用。

我们以第三期培训班为例，以现场还原的方式感受一下培训的氛围，回顾一下15天的收获与成长。

培训伊始，18位学员通过自我介绍、选择队友，组建成"农服三钱"队和"小太阳"队，又以竞聘方式竞选班委，开启了团队作战学习之旅。

除了两天的集中军训，每天早晨6：30—7：30的军训也不能停歇。军训中磨砺出的坚强意志、破釜沉舟的决心，将是人生中最宝贵的财富。

在课程安排上，除了注重企业文化、服务礼仪、沟通技巧、安全合规、职业规划等通用型知识，存款产品、电子产品、普惠产品、厅堂营销等产品营销知识，STM操作、厅堂分流、厅堂实训等实际操作知识，更关注学员个人素养的提升，特意安排了表达培训、公文写作等课程。所有课程全部由行里面的内训师进行授课。

白天学完相关理论课程后，晚间活动也是丰富有趣的，包括"新老生交流会""内务评比""写给未来的一封信""短视频比赛""通讯稿撰写""主题辩论""主题演讲"等活动，将白天学习的知识在晚上淋漓尽致地展现出来。培训期间还组织晚会、总结会等形式的活动，学员们自编自导，褪去培训期间的疲倦，展现出青春的朝气。

理论培训虽然只有短短的15天，但测试却达到了3次，而且测试成绩一次优于一次，证明了大家初步完成从职场"小白"到"新秀"的蜕变。

兴化农商银行的新入职员工培训班，帮助新员工转换到了两个新的角色：一是职场人，具备必要的职场心态、素养和技能；二是企业人，了解必要的企业文化、产品知识、业务技能，对企业产生认同感和归属感。由此，新入职员工的职业生涯有了一个"好的开头"。

靶向式培养

在兴化农商银行看来，"怎么培养人"是保证基业长青的基础中的基础。可以说，人才培养，功在当代，利及千秋。具体怎么做？这是一个系统而长期的工程，既需要传承老的做法，也需要利用新的方式，既需要短期见效果，还需要长远育人才，必须多策并举，长短结合。为此，兴化农商银行本着急用先行和着眼长远两大原则，同步推动培训工作展开。

在急用先行方面，重点体现"靶向式"，目标明确，效果立现。

对于新员工，从入职起，实行全流程管理，以增强归属感培训为主，强化新员工的被关注度。重点是试行新员工成长导师制，激励导师在工作上、生活上、思想上给予新员工关心和指导。同时，设计合理的职业生涯规划，有计划地安排跨单位、跨部门多岗位轮换，全面提升个人综合素质，提高解决实际问题的能力，让新员工少走弯路，快速成长。其中，对于计算机专业类别年轻员工专门组织选拔，跟进软件开发专业培训和岗位实践锻炼，以储备好科技型专业人才。

这里要特别点出师徒结对方式，这既是一项优秀传统，也被赋予了新的内涵。兴化农商银行在这方面会组织专门的仪式，用他们的话说，是用仪式感激发使命感。整个仪式分行师礼、互赠礼、签师约三个环节，每位徒弟依次给师父敬茶、行鞠躬礼、互赠礼物、签订师徒帮扶协议。师傅作为业务导师、职业导师，充分发挥传帮带作用，在工作、生活中给予徒弟关心和指导，帮助新员工在成长的道路上少走弯路；新员工也需要端正学习态度，虚心向师傅们请教，快速掌握业务技能，早日独当一面。

靶向式培训还有三种比较精准的方式。第一种是临岗对标学习，组织青年骨干赴张家港农商银行等业内标杆行，开展为期一个月以上的长期临岗、跟班式学习。内容涉及企业文化建设和品牌塑造、数字银行建设、管理会计应用、营销考核管理、微贷运营模式等方面。每周开展复盘讨论，期末进行总结汇报，将业内先进行的经验和做法与本行实际相结合，促进先进经验做法在"自家地上"开花结果。第二种是AB岗制度，明确机关部室每个岗位的AB角，对部分业务岗位、数据开发岗位设立B岗，有序培养一专多能、复合型的人才队伍。第三种是针对引进人才的特设培养通道，专门制定"岗位时间学习培养计划"，解决"水土不服"问题。以3个月为期，实行轮岗实践，让人才快速融入团队，了解不同岗位的协同方式，进而尽快实现"人尽其才、才尽其用"的效果。

在着眼长远方面，注重培训的系统性打造，主要体现为培训对象分层化、培训内容体系化、培训形式多元化、培训师资内部化。

培训对象分层化是推进分层分类培训，实现培训内容与培训对象需求的高度适配，提升培训的效能。2021年，兴化农商银行线下培训组织了121期，相当于每3天组织一次。线上培训的人均在线时长达到63.34课时。在这种高强度的培训下，分层化在保证效能的同时，也保证了与日常工作的有效衔接。

培训内容体系化是在总结各类培训班成熟经验的基础上，在课程设计、内容重点等方面，形成体系化人才培养模式。前文提到的《经营管理行为模型指导手册》就是这种内容体系化的一个成果，通过这种方式，不断建立起了形象生动、务实有用的兴化农商银行课程系列。

培训形式多元化是为了让参与者可以更好地吸收培训内容，不断创新培训的方式，在传统方式的基础上，先后开发出了"我的课程我来讲""吾论如何成长""农商银行青年说"、打卡红色教育基地等多种新的形式。

培训师资内部化是总结内部经验，"偷师"外部做法，通过举办内训师大赛，充分挖掘行内师资力量，并在内部进行聘任。一方面是让更优秀的人、更优秀的经验复制优秀的人、优秀的经验，另一方面也促进内训师队伍自身不断进步，成为各方面的标杆。

在兴化农商银行的培训工作方面，还有一个"共兴讲堂"非常值得一提。这是解决没有专门培训中心却需要开展大量培训而进行的一个有效探索。"共兴讲堂"由董事长任校长、行长任执行校长、其他班子成员任副校长，负责"共兴讲堂"重大事项的研究、决策。"共兴讲堂"下设党建、文化、管理、普惠、运营、科技、清廉7个分讲堂，分别由有关职能部门组织和落实本分学堂、本业务条线的业务培训、师资培养。"共兴讲堂"围绕"共新、共言、共业、共石、共E"五大板块开展培训，形成了人力资源部与各分学堂同频共振、上下联动，持续汇聚"人力资源部门牵头统筹、分讲堂主抓、各机构协同"的培训合力。

总的来看，兴化农商银行的各种人才培养方式，兼顾了短期与长期，平衡了工作与培训，"忙里寻机"，在提高培训质效的同时，保证了业务、培训两不误。这种培训所带来的学习能力锻造，影响更加深远，形成了以培训提升工作效能、以实践升华学习成果的互动提升。

"上挂下派"

"如何让骨干员工在最短的时间内学到最多的东西？""如何培养更多

一专多能的人才？""如何充分调动员工的积极性、创造性？"这些问题一直是兴化农商银行在思考和探索的问题。"上挂下派"是其结出的一个"硕果"。

兴化农商银行专门制定了员工"上挂下派"的工作管理办法，实行纵向挂派和各部门、机构之间的横向互派。挂派对象的选择，主要依据是三类。第一类是针对在部室工作，但需要接触一线实务、进一步掌握下情、丰富基层工作经验、提高处理复杂问题能力的员工，安排到支行进行纵向下派锻炼。第二类是针对在支行工作，需开阔眼界、进一步掌握上情、熟悉机关部门办事程序、增加条线、职能管理工作经验的基层员工，安排到部室进行纵向上挂锻炼。第三类是针对需学习较大规模、较好管理水平支行经营管理经验的员工和需学习跨部门专业知识的员工，安排跨支行、跨部门横向锻炼。

挂派主要采取统一组织选派和零星选派两种方式进行。统一组织选派共有5项流程，分别为征集需求、推荐人员、拟订方案、党委讨论、交接报到。零星选派挂派人员，由支行、部室提出申请，人力资源部门拟订挂派工作方案，经总行领导批准后组织实施。其中如有挂派中层管理岗职务的，需提交总行党委会讨论通过后实施。

挂派人员由接收单位和派出单位共同管理，以接收单位管理为主，派出单位配合。接收单位会安排挂派人员切实参与到工作中，放手使用，多压重担，确保挂派人员有岗、有职、有责。派出单位会主动加强与接收单位的联系，经常了解挂派人员的思想、工作和生活情况。挂派期间，一般不再承担派出单位安排的工作任务。挂派人员则至少每半年向派出单位和接收单位汇报一次思想和工作情况。

挂派人员在挂派锻炼期间，由接收单位进行年度考核并确定考核等次。挂派人员挂派期满，接收单位需要对挂派人员的表现情况进行考核鉴定,"员工挂派锻炼总结鉴定表"会存入本人档案。

员工挂派锻炼期间,参加接收单位党组织活动,人事关系不变。员工挂派锻炼期满后,原则上仍回派出单位工作。对挂派锻炼期间积极进取、表现突出、成绩显著、群众公认、炼出"真金"的优秀人员,会积极培养,大胆使用;对挂派锻炼期间持有过渡思想、镀金思想,未能沉下心思、扑下身子、挑起担子、干出样子的人员,总行另行调整安排。

可以看出,兴化农商银行"上挂下派"实际上是在打造一个流动的"人才实训中心"。这个"人才实训中心"的主要任务是补上不同层面员工的"短板",把他们培养成为复合型人才,为将来的选拔任用做好准备。由此,"人才实训中心"变成了员工能力提升的"试验田""大熔炉""练兵场"。

第 3 节　"用人所宜"

管理学上有一个德尼摩定律,其内容大致是:凡事都应有一个可安置的所在,一切都应在它该在的地方。这一定律告诉我们,对于个人而言,每个人都有其最适合的位置。只有在适合的位置上,这个人才能发挥最大的潜力。兴化农商银行以员工 360 度画像为出发点,在人力资源管理上按照产品经理的思维,努力做到人岗适配。在此基础上,搭建公开公正的平台,让优秀人才脱颖而出,实现用人所宜、用人所长的用人局面。

员工 360 度画像

陈云同志曾说,"了解人,要了解得彻底,不是容易的事,严格地讲是很难的"。① 确实，对于一个人的了解，既要用定性的方式，还要用定量的方法，既要看过去，还要看现在，既要"听其言"，还要"观其行"，是一件不容易的事情。但是，"了解人"是前提，没有了这个前提，就无法保证"知人善任"，就要出大问题。

兴化农商银行专门创建了一个员工360度画像机制，并搭建了专门的科技系统，主要目的就是"了解人"，就是为人才选用提供支持，让各个角色都能在画像里有所体现的同时"有所得"。"有所得"的主要体现，就是制定符合其工作经历、个人性格、发展意愿的"职业生涯规划"，以此实现绩效评估、人才测评、人才盘点和人才发展的多维效果体现。

对于员工角色，通过查询个人积分排名、后备人才积分排名、业绩数据、工资收入、福利发放、等级评定预测等信息，让员工发现个人的自我认知与其他同事对其认知之间的差异，从而帮助员工消除认知"鸿沟"，找准差距，精准发力，促成改进。

对于管理者角色，通过查询人员基本信息、成长轨迹、主要业绩、个人能力等员工信息，拓展查询人员所在部门和机构人员配置、业绩走向、人员与业务匹配度等内容，为业务发展及人才梯队建设做好支撑，为人员管理决策提供依据。

对于条线部门角色，通过上传查询信息，了解内外条线人员动态，了解后备人员动态，进而加强后备梯队管理。同时，通过授权方式，让条线部门按职责享有查询部分信息的权利，避免因信息不共享带来的工作滞后。

要想管理好、激励好员工，员工360度画像是一个前提。通过这样的了解，让员工管理更加科学化、清晰化，在减少人力资源浪费、降低沟通成本的同时，也让人力资源的效率效能大大加强。

---

① 资料来源：中国共产党新闻网："陈云：在革命队伍里，无一人不可用"，2018年1月29日。

员工360度画像是从总行角度设计的，兴化农商银行还有一个从员工角度设计的"了解人"的特殊方式，就是"兴动力"创新创优工程，简称"兴动力小组"。之所以说"特殊"，是因为这不是常规工作，而是针对发展过程中的堵点、难点，也是重点进行集中"爆破"的工作，完全由员工兴趣驱使、自愿参与，不额外取薪，但可以专项奖励，这可以称为兴化农商银行的"863计划"。

到目前，共组建公文写作、金融市场业务、科技创新、财务统计、法律业务、运管管理业务、国际业务7个职业兴趣小组。小组成员利用晚上或周末时间，常态化开展小组培训、座谈交流，充分发掘青年员工的职业爱好，拓宽青年员工职业视野，缩短青年员工成长磨砺时间，为相关职能部室选才用才提前创设孵化空间。以下是一个典型案例。

6个青年的"公众号"

人们熟知的兴化农商银行公众号是"兴化农商银行"，殊不知，这只是兴化农商银行的"大号"，其实还有一个"小号"，叫作"共兴金融"；"共兴金融"的前身，则叫作"我们的银行"。神奇之处在于，这个公众号不属于任何部门管理，而是由兴化农商银行的6个青年员工自发性组织的，不属于岗位职责，也没有额外绩效，他们仅仅是出于对兴化农商银行的热爱，想要让全行员工知道总行举办的各类活动，想要将平时工作中的优秀经验总结、提炼、分享出来，想要体现一些小小的力量。事实证明，他们做到了。现在的"共兴金融"，每天都能收到来自不同部门、不同支行各类形式的自愿投稿，成为大家学习交流、互学共促的"线上沙龙"。

通过这个案例可以看出，"兴动力小组"这种方式，可以通过行为体现来认知人才。看似简单，实则体现的功能不小。"兴动力小组"不仅是靶向式培养员工的一种方式，也是促进左右协同、上下协同的一种方式，更是深度了解人才、深度发现人才的一种捷径。如果说员工360度画像是一个静态画像，那么，"兴动力小组"就是一个动态画像，相互组合，形成互补，能够更精准、更直观、更有效地了解人才、锻炼人才、发现人才。

"赛马制"选拔

一家银行是否公平、是否有活力，主要体现在干部的选人用人上面。每一个员工都有自己的"两把刷子"，关键在于能不能找到这个长处，并有效地激发与拉长。兴化农商银行采取的一个方式是，搭建有为有位的阳光"赛马场"，让每个人在公开的平台上尽情展现自我。

"论资排辈"既是一种规范秩序，也是人才发展的一个"堵点"。兴化农商银行对政治素质好、工作表现突出、经过扎实历练的优秀年轻干部，用当其时，各展其长。

在支行负责人选聘过程中，设置述职演讲、无领导小组、结构化面试和自由提问等环节，设置支行和新支行行长专项考核办法，吸纳不同层面群众代表评委，实现了从静态"选马制"向动态"赛马制"的转变。这一过程中，重点查看竞聘人员工作思路、开拓意识、实施办法与任务分解，真正把每一次竞聘过程作为"赛马场"，实行"数据说话、一线赛马"，不看表面看表现、不看年龄看能力、不看背景看实绩，对"敢扛事、愿干事、能成事"的竞聘人员，优先提拔，大胆使用。

新任用的支行负责人需签订一年试用期业绩承诺书。试用期考核不合格的，由总行另行安排。竞聘落选的人员也无须气馁，总行会针对"好苗子"，通过挂职锻炼、基层蹲苗、跟班学习、专题赋能等多种途径，给予继续成长的通道。

通过这种公开选拔、民主竞聘的方式，近两年推送71名优秀员工至团队长、网格长、支行内外部主管、部室业务主管、中心主任、支行长助理、总经理助理等岗位锻炼培养。对经过实践考验的优秀年轻干部再搭平台、再压担子，2人被推送到更大规模、更高绩效的旗舰行，1人被推送到专营支行继续经风雨、壮筋骨。

干部梯队的"入口"工作难做，"出口"工作更加难做。而能不能做好"出口"工作也更为关键，因为这决定着能不能真正让"这池子水"活泛起来、流动起来。兴化农商银行对每一个干部的业绩会做客观、公正和全面的评价，用数据代替感情，用民主评价代替个人判断，让"上"的人干劲不减，让"下"的人心服口服，也让人才管理真正流动起来。

"流水不腐，户枢不蠹"。只有人才流动起来，才能保证一家组织的活力。而人才流动的关键，是干部能上能下机制的建立与实施。兴化农商银行按照江苏省联社党委"鼓励激励""能上能下""容错纠错"三项机制的要求，建立"赛马制"选人用人方式，在有效贯彻上级党委要求的同时，也在内部形成了干事创业、风清气正的良好氛围。

从快贷团队到快贷条线

在乡村振兴的伟业中，青年既是现在的建设者，也是未来的主导者。只有培养一批思想上坚定不移、行动上能够办到、能力上堪当重任、作风上敢打硬仗的青年团队，才能保证乡村振兴不断取得新的突破和大的成果。

在兴化农商银行的员工队伍中，有一支"别动队"，人们习惯性地称之为"快贷团队"。从起初的2支团队到目前的16支团队，从起初的直营试办到目前的条线化管理，3年的时间，这支队伍以34%的客户经理占比，做出了近50%的零售贷款贡献度，让人们看到了金融服务乡村振兴的希望所在。

2018年，兴化农商银行正式开始零售转型。当时面临的主要问题是贷款调结构的问题。如果放弃大额贷款，依靠零售来补齐甚至超越，是不符合业务规律的，但要快速上量零售贷款规模，依靠当时的团队又是很难做到的。一是因为大家的思维和工作惯性很难一下子扭转过来，二是存量业务也确实忙不过来。在这两难之中，兴化农商银行开始筹建这支特别的队伍。最早的办法是靠鼓励和引导，总行鼓励机关办事员积极参与，鼓励支行将本土情况熟、业务水平高、服务意识强的优秀人才充实到快贷岗位。配合弹性工作制等保障，逐步将客户经理队伍扩大到全行占比38%，彻底改变了"惧贷"现象。随着快贷团队的效果逐步体现，从最初的鼓励到后来的主动报名，从最初的一期到现在的四期，从最初的个人标杆示范带动到后来的依靠机制和文化来管理，逐步走上正规化的道路。

快贷团队最能体现兴化农商银行激活人力资源的成果，也最能反映人才培训、选用等方面的精髓，由此，也形成了不同于其他团队的管理模式和文化。

在人员选拔方面，德才兼备是前提，年龄不超过35周岁是一个"硬杠杠"。选拔分为笔试、性格测试、情景化面试、结构化面试四道关，分别占比为20%、10%、30%、40%，体现出年轻、专业的典型特色。

在培训方面也做了专门的设计，主要分为两个阶段。第一个阶段是知识授课评估观测阶段，通过系统性的理论培训，实现后备客户经理信贷素质的基本提升。根据其平时表现、知识测试及日常培训评估观测，进一步考察、发现、评估其综合素质。第二个阶段是外拓实战评估观测阶段。通过体系化的外拓营销培训，实现后备客户经理综合素质的全面提升，同时检验前期理论对实践的应用。通过对后备客户经理阶段性知识测试与实战营销评估，提升其综合能力、适岗潜质。

在管理方面，快贷团队实行条线与支行双线管理方式，配套单独考核方案和积分制管理办法。推行跨支行快贷团队PK，将其分为16支营销团队，分别选拔团队长，持续开展团队与个人的双重 PK 赛。激励采取"重名轻利"的方式，以荣誉奖励为主、物质奖励为辅，新晋新增发放贷款超千万元的客户经理，荣列该行的"百人千万俱乐部"。

在品牌建设方面，快贷团队发展到第四期，行内行外已经形成了一定的影响力。为此，兴化农商银行专门做了快贷团队的品牌建设，以品牌来拔高和升华快贷模式。这个品牌非常简洁，富有朝气，名曰"+U 青年"，并有着三重美好寓意：一是加油青年；二是"+优"青年；三是家有青年（见图 7-1）。

图 7-1　兴化农商银行快贷团队品牌形象图

如果说快贷团队最能反映兴化农商银行人力资源管理水平，那么，快贷团队管理机制就是其中的核心。下面，我们来看一下实际运行中的几条机制应用，了解一下快贷团队是怎样实现管理岗能上能下、团队员能进能出、收入能升能降的。

◆表现优异，进快贷条线满一年的快贷客户经理，即可参加快贷团队长岗位竞聘。

◆不担当、不作为、不能认真履行管理职责、团队考核积分连续两次处于末三位的快贷团队长，将被列入"待调岗"序列。

◆不服从管理、条线考核积分连续两次处于后十位的快贷客户经理，被列入"建议岗位调整"序列。

◆达到 40 周岁的快贷条线客户经理（快贷条线团队长除外），自动转为快贷条线成长顾问，不再纳入条线考核。

◆快贷团队长管理绩效由条线管理部门统一分配，分配依据主要参照日常积分。

◆因快贷团队工作表现不佳而被调整岗位人员,在近两年全行的各类岗位竞聘中取消报名资格。

快贷团队的成功实践,具有多重重大意义。从过去看,有效解决了零售转型初期零售贷款快速上量的难题,促进了贷款结构调整。从现在看,快贷团队成为干部培训基地、人才孵化基地。在共4期132名参训人员中,成为客户经理的109人,支行行长3人,副行长1人,部门总经理助理4人,行长助理1人,中心主任2人,二级支行行长3人,风险管理员7人。从未来看,这为乡村振兴培养了一批攻坚克难的青年人才。

除了兴化农商银行内部的视角,笔者从外部的视角来看,兴化农商银行的快贷团队也有两重重大意义:一是打破了人们的习惯性旧有认识,比如,地方性银行的"家文化"下打造不出战狼精神;二是为转型零售快速上量提供了一种可供借鉴的人力资源方案。

第4节 "优礼有加"

管理大师彼得·德鲁克说,管理就是最大限度地激发人的善意。兴化农商银行在"怎么激励人"方面做了许多尝试,探索出一条"家文化"下的人才激励新路子。本节重点通过绩效考核、晋升通道和荣誉体系三个方面进行介绍;其他激励方式也都体现出了"最大限度地激发人的善意",限于篇幅要求,无法一一呈现。

绩效考核:"吃苦者吃香"

"无考核,不管理"。在兴化农商银行人力资源管理当中,考核是一条贯穿始终的线条。但考核是采取差异化、区别化的方式来进行的，力求"考"得公平、"核"得精准，真正体现绩效考核的正向激励效应。

对于营销条线，实行模拟利润考核。总行作为"资金中介"，建立资金池，确定不同的资金价格。支行网点把营销的存款"卖"给总行，从总行"买"进资金发放贷款，从中赚取利差，并由此计算出年末模拟利润和考核绩效。

为了配合"模拟利润考核制"，兴化农商银行自主开发了绩效管理系统，员工可以实时了解自己的模拟利润、薪酬和福利情况。在这个系统里，基层客户经理每完成一笔业务，都会实时反映并可计算出所能获得的利润。一方面，支行能直观地了解客户结构和自身短板，及时调整思路及查漏补缺；另一方面，可以提升员工拓展的精准性和积极性。目标高，完成好，薪酬自然就高。

对于总部部门和柜面人员，考核实行"行员等级制"和"星级评定制"。所谓"行员等级制"，就是采用金字塔结构，设定多个等级，不同的级别对应着不同的薪酬待遇。所谓"星级评定制"就是在运营管理条线给运营主管和柜员设置星级考评，并与薪酬及晋升挂钩。这两类员工的主业是服务和履职，这是要优先保证的，但也要兼顾营销的责任，实现全员营销、全员参战的效果。

针对干部履职考核，兴化农商银行重点针对年轻干部进行跟踪考核，建立了鼓励激励、容错纠错、能上能下"三项机制"，坚持严管和厚爱相结合、激励与约束并重，加强对年轻干部的培养使用和管理监督。跟踪考核评价内容主要包括政治素质、管理能力、工作业绩、担当精神、作风形象等内容，考评方式以日常考核为基础、年度考核为重点，定量指标为主、定性指标为辅。定量主要是运用绩效考核、阶段竞赛等结果，对考评对象业绩达成情况，用数据的方式呈现；定性主要是通过座谈、调研、合规和审计检查、360度民主测评方式进行。

通过这样分类别、精细化的考核，尽可能地反映每个岗位员工的岗位效能，进而通过每个人的效能提升，实现全行"小河有水大河满"的效果。在这样的考核激励之下，将"为集体而战"和"为自己而战"结合起来，每个人的履职和任务的完成都不得不下真功夫、苦功夫、硬功夫，但吃苦是过程，吃香是结果，进而将激励融入每个岗位、融入日常。

晋升通道："能干者能上"

在员工队伍管理上，地方性银行一直以来都存在岗位晋升渠道单一的问题，由此导致"千军万马过独木桥"的现象。大家都往有限的管理序列通道"挤"，最后导致"剧场效应"的产生。

为了能有效解决这一难题，为员工提供"想干事有机会、能干事有舞台、干成事有地位"的平台，兴化农商银行建立了管理、营销、专业、操作四大晋升通道，让员工根据自身的兴趣、专长等实际，选择适合适宜的职业成长路径。

操作序列是用于柜面人员晋升的通道，主要晋升层级为柜员、运营主管、二级支行负责人，随后按中层干部后备库选拔要求入库，与管理序列并轨。

营销序列是用于客户经理晋升的通道，主要晋升层级为客户经理、网格长、团队长、风险主管、二级支行负责人，随后按中层干部后备库选拔要求入库，与管理序列并轨。

专业序列是用于总行机关科员晋升的通道，主要分为办事员、业务主管、中心主任，随后按中层干部后备库选拔要求入库，与管理序列并轨。

管理序列是用于干部晋升的通道，主要晋升层次为行长（总经理）助理、副行长（副总经理）、副行长（副总经理）主持工作、行长（总经理）。

"心中有希望,脚下有力量",四大序列的打通,实现了全体员工晋升渠道的全覆盖,配合上挂下派、跟班锻炼、轮岗交流等机制,让每个人都能看到进步的希望,进而干事创业的力量也就更足了。

荣誉体系:"优秀者优先"

除了绩效激励、职级晋升,兴化农商银行还建立了荣誉体系。这一体系的显著特点是"高大上"。所谓"高"就是荣誉层级高,如前文所述,不仅行里面奖励,而且和兴化市委、市政府有关部门联合奖励"十佳贤内助"等。所谓"大"就是覆盖面大,荣誉种类全,奖励人数众多。以2021年度为例,荣获各类荣誉的员工总计504人次,占全行人员比重为62.53%。所谓"上"就是上档次,有仪式感。有人质疑,大部分人都有荣誉会不会失去激励的效果。在兴化农商银行的管理理念里面,"每个员工都是孩子",每个人都需要被肯定。

在这种理念的指引下,兴化农商银行基于员工360度画像系统,定期不定期地评选"最佳新人""十佳服务明星""十佳客户经理""十佳快贷先锋""十佳贤内助""十大爱岗敬业模范""十大感动农商行人物""十佳最美农商行人""十佳最美奋斗者""清廉先进典型"。针对快贷团队,还建立了专门荣誉体系,根据客户经理业绩排名,按旬颁发"钻石""铂金""黄金"徽章。对于荣誉获得者,在行内奖励的同时,积极向更高层面推选,先后有146人获得国家级、省级、市级奖励等。

奖励不仅要给荣誉,还要有仪式感,这样才能让激励的效果最大化、最优化。兴化农商银行采取年度大会表彰、宣传片主角设定、先进典型巡回宣讲、列入电脑屏保展示等方式,让获得荣誉的员工充分感受荣誉的"含金量",进而激励这些员工好上加好,激励更多的人见贤思齐。

这样大面积的荣誉覆盖,点燃了更多员工的工作热情,扣动了更多人的心灵扳机，进而形成了比学赶超、你追我赶的奋斗文化。

兴化农商银行高质量服务乡村振兴，根本在于人的高质量。但是，从全国范围来看，大多数地方性银行首先面临的问题是解决人的数量的问题。如前文所述，兴化农商银行通过弹性工作制等方式，把更多的人从柜台的隔着玻璃服务，转变为大堂里面、各类场景里面的面对面、肩并肩服务。特别是将客户经理人数调优到将近40%，实现人力资源的"腾笼换鸟"。这一点尤其难得，值得借鉴。

解决了"人头"的数量问题，更重要的是解决人的质量的问题。解决质量问题，兴化农商银行的做法是：围绕每个员工职业成长主线，从引才、育才、用才、励才等方面，进行全流程规划与统筹，让每个人都动起来、活起来、强起来。

人力资源这"一招棋活"，服务乡村振兴则"满盘皆活"。在乡村振兴当中，地方性银行的员工素质整体是高于村民的，关键是要树立为"三农"事业奉献的价值观，"把双脚踩在大地上"。用价值认同代替物质激励的方式，才能从"人"这个根本的动因上，彰显乡村振兴下人力资本的放大效应。

这"一招棋活"，考验的是"家文化"下的人力资源管理方式。兴化农商银行从"青青子衿、悠悠我心"的引才开始，到"为伊消得人憔悴"的育才，到"扶摇直上九万里"的用才，再到"吹尽黄沙始见金"的励才，最后形成了"千树万树梨花开"的人才景象。由此，以激活第一资源带动了其他资源，最终让大普惠的理念落地为做法，做法形成了成果。可以说，兴化大普惠模式的源头活水就是兴化农商银行的每一个奋斗者。

第8章 垛上花开正当时

在本书付梓之际，垛上花开正当时。万亩垛田之上，油菜花在阳光的照耀下争相斗艳，分外壮观。这既是兴化市乡村振兴的成果体现，也是兴化农商银行服务乡村振兴大普惠模式的精彩呈现。"未来即现在，现在即未来"。从兴化目前的成果可以看到兴化乡村振兴的美好前景。而兴化农商银行这些年的发展历程及其现在的所作所为，也预示着即将迎来一个崭新的未来。

你可能看到兴化农商银行的各项指标并不华丽，资产、存款、贷款分别在 600 亿元、500 亿元、400 亿元上下浮动，不良率也在 1.5% 上下，拨备覆盖率大概不到 500%，属于全国同行里面中等偏上的水平，并不是特别突出。但是，5 年前这可是一家不良贷款多、群众信访多、内外矛盾多的"三多"银行。因此，兴化农商银行的变化是令人瞩目的，并且其迅猛发展的浪潮正在迎面扑来。这种浪潮是普惠信仰的力量，是新型价值观的力量，是深耕积淀的力量。

第 1 节 大普惠的"三力"模型

近年来，受经济环境和市场竞争的影响，地方性银行的生存面临着重大考验，呈现出总体 K 型分化、增产不增效、规模不经济、高风险频发等特征。而且，疫情导致的不良滞后效应还未完全显现。兴化农商银行的精彩实践，不仅为其自身铺就了一条康庄大道，也为广大地方性银行的生存找到了正确的打开方式，即在兴化农商银行大普惠模式高度提炼的基础上形成的乡村振兴背景下地方性银行可持续发展的"三力"模型（见图 8-1）。

图 8-1　乡村振兴背景下地方性银行可持续发展的"三力"模型图

这个模型的"三力"分别是指融合力（Fusion Power）、深耕力（Deep Tillage）和应变力（Adaptability），可简称为 FDA 模型。融合力的突出体现是一个"高"字，是高站位以及由此带来的高能量。深耕力的突出体现是一个"深"字，是深扎根以及由此带来的稳基础。应变力的突出体现是一个"快"字，是快反应以及由此带来的快节奏。这可能不符合某些理论逻辑，也难以登上大雅之堂，但是，这是来自一线的经验升华，是被实践证明正确且有效的理论。可以说，这是有地方性银行特色的"土理论""实理论""新理论"。在笔者看来，任何一种理论，其作用在于实践而不在于论道，不仅是因为"实践出真知"，而且是因为"实践是检验真理的唯一标准"。

融合力

所谓融合力，就是将多种事务融合为一体的能力。这种能力本质是解决资源整合的生存条件问题。生存条件是任何一个生态当中生态因子能够存活的必不可少的环境条件。没有了这个条件，其他都无从谈起。

如前文所言，地方性银行具有多重属性，但第一属性是党领导下的银行。兴化农商银行和其他地方性银行一样，从创立到发展，一直到现在，不管是遇到艰难险阻，还是改制变革，每一步都是在党的领导下完成的。党的领导就是生存条件，党的领导就是生存之道。

党的领导不是一句空话，而是实际行动。党的十九大正式将乡村振兴战略上升为国家战略，江苏省联社、泰州、兴化两级市委、市政府，以及各部门、各乡镇、各村委也都将乡村振兴列为工作重心。兴化农商银行的这5年，就是围绕这个国家战略、立足兴化实际，不断地摸索、不断地奋斗。其之所以可以将这些资源整合起来，是因为大家有着共同的愿景、共同的任务、共同的期盼。也就是说，是通过目标的整合，而不是通过所谓能人、社会关系等其他因素的整合，才能形成全局的整合效应，而不是局部的整合效应。

整合资源的主导者是各级党委、政府，地方性银行只是乡村振兴的金融参与者、服务者，本质上是没有这个能力的。但是，兴化农商银行通过主动靠前的姿态、主动融入的行动，赢得了各级党委、政府的信任。这种信任就是融合力带来的结果体现。

按照国家政策口径，地方性银行应该是农业新型经营主体的主办银行，而不是乡村振兴的主办银行。但是，泰州、兴化两级党委、政府，以及当地人民银行、监管部门都赋予了兴化农商银行乡村振兴主办银行的责任与荣誉，江苏省联社也给兴化农商银行提出了"乡村振兴主力军示范行""县域高质量发展特色行"的期望。其中的原因主要是两条：一是当地的乡村振兴任务主要是在农户和村级集体经济组织方面，大型农业产业、农业项目相对较少；二是兴化农商银行确实用全方位、全流程、全链条的参与，扛起了当地乡村振兴的金融大旗，涉及的不仅是农户、村级集体经济组织，也涉及当地特色产业、大型农业项目，参与的不仅是金融服务，还有产业引导、村级集体经济组织项目孵化。因此，兴化农商银行被授予"乡村振兴主办银行"的称号，实至名归。

融合力既是整合资源的前提，也是资源作用发挥的关键。兴化农商银行获得兴化市委、市政府的信任和支持，这只是一个开头，关键还在于怎样把这种信任和支持转化为凝聚力、战斗力和行动力。争取地方党委、政府文件中列入兴化农商银行的参与内容，成立乡村振兴金融党委并由兴化农商银行党委书记兼任，与兴化市委组织部联合组织青干班、研究生站，与各级部门开展党建共建，等等。这些举措，都是将乡村振兴的各类资源与金融资源进行有机结合，实现金融的力量带动、金融的支点撬动、金融的温度感动"三动"效应。

党的二十大指出，"全面建设社会主义现代化国家，最艰巨最繁重的任务仍然在农村"。可见，乡村振兴任重而道远。对于地方性银行来说，这不仅是"最艰巨最繁重的任务"，也是"重要黄金窗口期"。抓住了，前景无限；失去了，生存愈加困难。新的乡村振兴征途上，参与的金融主体会越来越多，竞争也会越来越激烈，地方性银行能不能锻造出有力有效的融合力，是决定能否担当使命、赢得竞争的一项基本能力。没有这项能力，就无法获得足够的生存资源，生存就会变成无源之水、无本之木。

对于兴化农商银行来说，乡村振兴进程中，不存在生存的问题，而是怎样发展得更好、体现更大作为的问题。通过融合力的锻造，将金融服务的元素渗透到乡村振兴的每一个细项上面，无孔不入，也无法剥离，这为其更好地生存提供了良好的环境。这种环境随着乡村振兴战略的不断纵深，会变得机遇无限、效应叠加，进而变成又好又快发展的无限动力。

深耕力

在非洲的草原上，有一种草非常奇特。在最初的半年里，它几乎是草原上最矮的草，只有一寸高，肉眼根本看不出它的生长。这一时期，任何草都比它长得快、长得旺盛。但在半年之后，雨水来临之际，它就像被施了魔法一样，每天以"一寸半"的速度向上疯长，三五天的时间，就会长到两米多的高度，成为非洲大地上长得最高的"草地之王"。原来，在前面的6个月里面，它并不是不在生长，其生长的不是地面上的茎叶，而是在生长着地面下的根系，最长可达28米。

这种草就叫尖毛草，许多领域将尖毛草的这种生长方式称为"尖毛草定律"。细品兴化农商银行这5年的发展轨迹，其实就是这一定律的地方性银行实践版本。地方性银行的第一属性是党领导的银行，第二属性就是地域性极强的银行。地域性特征明显，既是优点，也是缺点，关键在于如何趋利避害、扬长补短。

兴化农商银行的网格建设战略工程就是一种扬长避短的选择，将局部经营"画地为牢"的"牢"，转变成了局部精耕细作的"牢靠"与"牢固"。特别是在目前经济背景下，兴化农商银行不是在长"地面上"的部分，而是在长"地面下"的部分。这就是深耕力。深耕力看似并不"高大上"，其实更加考验一家银行的效益观和发展定力。

效益观就像一个人的价值观，有什么样的价值观，往往决定着选择什么样的人生道路，有什么样的效益观也决定着一家银行选择什么样的发展道路。作为一家深耕本土70年的银行，在乡村振兴的背景下，兴化农商银行响亮地提出和有效地践行共兴金融理念，本身就代表了一种效益观。在与兴化农商银行的班子成员交流中，"不要欺负老百姓""不唯效益论""够过就好"等观点总能够反复听到。刚开始觉得挺"虚"，慢慢了解后，觉得确定是实打实的话。虽然有外部市场竞争的因素，但兴化农商银行采取多种方式下调贷款利率也是主动的。在他们看来，利润一定是要有的，但利润不是动机，不是初心，而是成长的养料，是发展的基础。

定力其实是"反人性"的，因为要控制人的欲望与行为。因其艰难，所以更加珍贵。这5年，兴化农商银行虽有前车之鉴，但更多的是重重诱惑，其始终坚持做小做散，努力把根扎得更深一点，就是这种定力最好的体现。这种定力的坚守，需要极高的"修行"。兴化农商银行的"修行"，有对比其他同业的差距"刺激"，也有"刺激"之后的顿悟，更有"顿悟"后的坚定不移。

笔者经常在想，评价一家地方性银行到底应该用哪些维度。得出的结论是，这和评价一个人是一样的，身高不代表健康，体胖不代表有力，身体健康是一个基础，价值观正确才是最为重要的。正是有了这种效益观和定力，兴化农商银行才能把网点和金融服务站紧紧地扎在大地上，才能把90%的社保卡牢牢地抓在手心里，才能把60%的商户迅速地发展成为"裂变"点，才能不断升级"五全大零售"的新格局。而有了这些扎实的基础，兴化农商银行就像扎根28米的尖毛草一样，在乡村振兴这场及时雨的润泽之下，已然开始迅猛生长。

应变力

"物竞天择，适者生存。"在自然界中生存下来的物种，并不是最大的，也不是最强的，而是最能适应环境变化的。这一原理应用于金融领域，也同样适用。适应变化可能是一种本能，也可能是一种深思熟虑后的随机应变，但都需要有一种能力，就是应变力。兴化农商银行的应变力主要体现在两个方面：一是对数字化时代的主动应变；二是针对经营和管理中的问题因时而变。

数字化时代,真正考验银行的,不是技术的快速迭代,而是客户行为习惯的改变。如何适应这一变化,兴化农商银行采取了经济适用、方式适用、效果适用的"三适用"方式。所谓经济适用,就是算好投入和产出账、算好短期和长期账,针对小平台无法集成"大数字"、小银行难以实现大投入、小队伍难以满足大开发等问题,把本土化优势转化为数字银行的填补项。所谓方式适用,就是从客户需求和业务需要出发,从线下链接线上,以业务导向科技,抓住风险等关键节点,放开人力外包等辅助功能。所谓效果适用,就是在结果上不要"花架子",要能够帮助完成任务和提升管理效能的数字化,充分体现出管用好使有效果的特点。

适用者,适合而实用。地方性银行资源有限,能力受限,但这不代表无法拥抱互联网,不代表不能利用最新科研成果,不代表不能产出实用的成果。因此,更加需要主动拥抱、主动求变、主动适应,关键在于找准切入点和落脚点。兴化农商银行对此的实践,全部浓缩到了兴化农商银行的三个理念中。第一个理念是:"鸟儿再高也要吃食,飞机再高也要加油",这是科技为生活服务的定位判断;第二个理念是:"要像高铁一样,解决从时速200千米到300千米的问题,不是解决原始速度的问题",这是对地方性银行应用科技方式的论断;第三个理念是:"适用的才是最好的",这是地方性银行的数字化转型之道。

"腾笼换鸟"是兴化农商银行在经营和管理上最显著的特征,也是这种应变力的突出体现。在笔者看来,兴化农商银行至少有五个方面是在做着"腾笼换鸟"的事情。第一个是村级债务,用财政担保贷款替换高成本的村级负债;第二个是普惠信贷,用备用金替代高利率的网贷;第三个是快贷团队,用"新人新办法"改变"老人老思想";第四个是网点功能,用政务服务的高频刚需同步金融服务;第五个是管理进化,用协同放大效率，用过程管理替换结果导向，用总部赋能更新传统管理模式。这种方式，其本质是适应发展需要的推陈出新、与时俱进。

万物流变，变自生变。在这样一个急剧变化的不确定性年代，唯一具有确定性的就是变化。地方性银行只有锻造出应变力，才能跟上变化，不被淘汰。兴化农商银行的这些做法涉及内部外部、方方面面，都是针对新情况、新问题做出的新应变。而有了这种应变力，才能在服务乡村振兴中随机应变，做得更好。

第 2 节　未来发展新逻辑

展望地方性银行的未来发展，必定需要走高质量的发展之路。"不要和趋势作对"，这是笔者在访谈当中经常听到的一句话。这句话大道至简，一语中的。地方性银行不应该也没有能力"逆势而上"，更应该"顺势而为"。越是难的时候，越要看清底层逻辑，越是要坚持最基本的原理。

在大行超大规模、超低利率、超强场景的多重挤压下，地方性银行不得不面临风险、定价、成本"不可能三角"的困境（见图 8-2）。规模小、品牌认知度低，负债成本就高，进而推升贷款定价，导致风控压力加大，此为一角；风控压力加大，则营利能力下降，进而影响研发和转型投入能力，此为第二角；研发和转型投入不足，导致竞争力下降，限制规模增长、影响风控质量，此为第三角。通过兴化农商银行的精彩实践，或可找到破解"不可能三角"的可行路径。

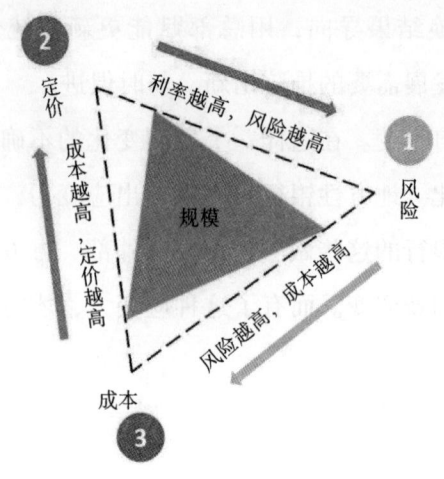

图 8-2　地方性银行发展的"不可能三角"示意图

寻找新动能

我国全面建设中国式现代化,这是每一个地方性银行未来发展的"最大势"。在这个过程中,"农业强国"是"关键机遇期","高质量发展"是主题词。对于地方性银行来说,更现实的选择,就是做好服务乡村振兴的金融服务,这就是未来发展的新动能。

在这一过程中,相比于我们对于普惠金融的狭义理解,乡村振兴才是普惠金融的 PLUS 版本(即增强版),才是真正的"大普惠",也是地方性银行新的使命、新的机遇。兴化农商银行紧随地方党委、政府的规划指引,不仅主动融入,而且靠前引导,通过乡村振兴金融党委统筹、突破集体经济发展瓶颈、深化网格责任、提升科技效能、激活人力资源等举措,解决了党委政府的难点,打通了乡村振兴的堵点,抚平了客户的痛点,用实际行动凝结出了"大普惠模式"。

兴化农商银行的实践表明,"新动能"不是"天上掉下来的",而是主动靠前争取来的,靠脚踏实地干出来的,是先普惠后金融得来的。这一

"新动能"似乎也符合动能的物理学规律,推动速度越大,动能越大,自身质量越大,动能也越大。

这为地方性银行的未来发展提供了宝贵的经验:必须从目前的"小普惠"升格为"大普惠"。在视野上,要对普惠金融重新认知,厘清金融手段与普惠目的的关系。在格局上,要重新定位,解决大普惠与小普惠的关系,将乡村振兴作为最大的普惠。在资源上,要重新整合资源,解决资源多与资源少的问题,调动党政部门更多的资源。在功能上,重新优化功能,转变为先普惠、后金融,不能就金融说金融。在能力上,要加快数字化转型,用快效率替代慢节奏。在作为上,进一步提升普惠金融的成效,实现利己与利他之间的再平衡。

跳出周期率

地方性银行从成立之日起,在 70 年的发展历程中,经历了无数次跌宕起伏。特别是 21 世纪以来,每 5—10 年,总会出现一次大面积的集中风险爆发。笔者将其称之为"农金周期率"。但是,也总有一些银行能够跳出这个周期率。这里面蕴含着共同的规律,包括"做对了什么""哪些是必须长期坚持的""哪些是一定要反对的"和"哪些是要与时俱进的"。

基于兴化农商银行的精彩实践,笔者试图构建地方性银行跳出"农金周期率"的"1+3"发展法则。"1"就是找准一个位次,"3"就是抓住三个关键。这是一个先后承接的关系,只有找准位次,才能抓住三个关键,进而才能实现未来发展的行稳致远。

找准一个位次,就是精准定位自身在整个银行体系当中的段位。笔者一直在做"地方性银行发展路径评估调查",涉及 30 多个评估维度,通过近百家机构的实证,验证的结果是可行的、正确的,最终根据得分分为三个类别,不同类别对应不同位次(见表 8-1)。

表 8-1　　　　　　　　地方性银行发展路径评估表

项目	战略模式	经营路径	客户定位	服务手段	管理模式	科技模式
评估得分高于400分	差异化战略	多元化路径	全客群	人+科技	现代商业银行管理模式	数字化转型
评估得分为200—400分	专业化战略	多维普惠路径	城区/农区普惠客群	产品为主	平台管理模式	数字化应用
评估得分低于200分	精细化战略	深耕阵地路径	农户/新主体	人员为主	传统管理模式	工具利用

在这个位次确定的基础上，各个位次的银行应该有不同的发展路径，以及基于自身实际的灵活策略和打法，而不只是用通用的理论来指导实践工作。就是说，"多大的脚，穿多大的鞋"。这是一个基本的前提，没有这个前提，确定不好位次，必然就会导致付出与收益不相对称。

评估得分低于200分的银行，大多数是县域银行和经济欠发达地区的银行，选择精细化战略是可行选择，其经营路径就是深耕当地，守住阵地，客户的定位主要是农户和少数农业新型经营主体，服务手段以人工为主，适当增加一些科技工具的应用，只要把传统管理手段用足用好就可以了。这类银行的成功，一定是坚持做小做散定位的成功，一定是长期主义的胜利。

评估得分在200—400分的银行，大多数是部分发达地区、规模也较大的县域银行，以及地市级银行，应当选择多维普惠的发展路径，在守住阵地的基础上在城区与竞争对手展开"白刃战"，这就需要侧重用科技驱动的标准化产品方式。在这一过程中，还要有平台思维，内部外部都要为员工、客户、三方合作机构搭建充分发挥特长、彰显价值的平台，背后的支撑则是数字化应用的广泛覆盖。

评估得分高于400分的银行，大多数是省级农商银行、省会城市农商银行和部分头部农商银行。这部分银行实际上只是名称上姓"农"，单纯依靠"农"也无法实现可持续发展，需要走多元化的发展道路，不能过分强调做小做散，而是要做好资产负债结构和业务结构的平衡，由此决定了在客群的选择上可以全客群，在服务模式上选择"人+科技"的模式，在管理方式上按照真正意义上的现代银行管理模式来做，实现更加深度的数字化转型。

在位次确定的基础上，各个位次的地方性银行还有三个关键因素是共通的，也是一定要抓好的。

第一个关键是人的问题。人的问题首先是一把手的问题。一把手必须具备高度的政治觉悟、高超的银行专业和高效的实干精神。这三者缺一不可，但底层的素质保障是一个"公"字。"公生明、廉生威"，对于这些银行家也是适用的。地方性银行的业务和管理并不复杂，复杂的是人，唯有一把手和领导班子保持一颗公心，才能化繁就简，才能散发出无限的想法和有用的做法。

人的问题的另一个重大命题是如何在"家文化"下激活员工。"80后""90后"已经成为员工主体，学历和能力没有太大问题，关键在于价值的认同和内生动力的激发，而这些员工中，大多数人缺少老一辈的精神，也很少有乡土阅历。如果做不好这个"轴心"工作，就无法迎接乡村振兴的考验。可参看笔者的另一本书《内生动力——中小银行全新经营逻辑与管理策略变革》[①]，或可有所助益。

第二个关键是机制的问题。从组织的角度看，最大的能力是机制的能力。对于地方性银行来说，最大的比较优势就是独立法人机制。只有充分激发这种机制的全面能力，才能保障资源的最大化利用、效率的最大化提升。独立法人机制是一把双刃剑，船小好调头，但船小也容易翻船。因此，需要在"人治"的基础上"法治"。"法治"主要是两个方面：一是

---

① 段治龙著，中国金融出版社2021年出版。

规则设定,二是利益匹配,实现"法立于上而俗成于下"的效果。

第三个关键是结构的问题。结构的内涵比较多,但主要是资产负债结构的均衡。像兴化农商银行的营收结构中,零售业务占比50%、对公业务占比25%、金融市场占比25%,就是一个可以参照的标准。虽然不同位次的地方性银行有不同的侧重,但"零售为体"的原则不能打破。关于大行下沉的政策意图,有许多解读方式,但大行下沉带来的零售业务提升,也是不争的事实。这一点,地方性银行必须要有清楚的认识。大行都是如此,何况小行。

这一法则体系是笔者在兴化"悟道"而成。正如我们在前文所述,兴化农商银行从"认识你自己"这个角度出发,"跳出银行看银行""跳出银行干银行",最终不仅跳出了"农金周期率",而且走上了快车道。

迈向高质量

组织的进化与物种的进化有着很大的相似度。外部环境的变化、竞争对手、自身的应变能力,一并构成了组织进化的三大要素。相比之下,地方性银行更需要这种变自生变、主动应变的能力,变过去追随大行的脚步为某些领域领先同业。因为,过去的银行竞争是分层的,现在的普惠市场是一片"混战"。如果做不到局部领先,是很难在竞争中胜出的。兴化农商银行应对这种变化和市场竞争,也是遵循进化论的原理,其主要的做法是两点:一是做好"两个人"的工作,二是坚持走难而正确的道路。

高质量发展的本质是人的全面发展。对于地方性银行来说,"人的全面发展"主要是"两种人"——一是客户,二是员工。

客户方面,如前文所述,兴化农商银行从以客户为中心的理念,进化到构筑以客户为核心的支撑体系。同时,社保卡等政务代办、网格化走访、场景化建设等措施,都是围绕打造新型邻里关系、促客户活跃这个主线做文章。总之,给予客户的,不仅是金融产品,而是各种需求的综合服务,正如他们的宣传语:"懂你想要的,给你最好的"。

员工方面,从过去的指令性管理正在转向赋能型管理,从过去注重经济激励转向注重用文化管理的高阶方法激发主动性、积极性和创造性,在不断提升人均效能的同时,让每一个人的价值充分彰显。

高质量发展的落脚点还在发展上。地方性银行发展的"量"的空间有限,但"质"的空间无限。要实现这种从有限到无限的转化,关键是选择好战略路径,难并不可怕,主要是正确。美国学者迈克尔·波特(Michael E. Porter)被誉为"竞争战略之父",他提出了企业竞争的三种卓有成效的战略,分别是总成本领先战略、差别化战略和专一化战略。这对于地方性银行很有启发意义,可以帮助找到"对的路"。

对于总成本领先战略,地方性银行要想办法降低成本,但降幅不会太大。降薪,空间有限;减人,不太可行;裁撤网点,监管不允许。而这些"大头"费用降不下来,降成本只能是杯水车薪。也就是说,总成本领先战略,有空间,但不太现实。对于差别化战略,这是许多银行都在强调的一项战略。事实上,成功者凤毛麟角,原因就在于在我国银行的监管模式下,很难实现真正意义上的差别化。

专一化战略是地方性银行可选择的一条战略路径。与成本领先战略和差异化战略不同的是,这一战略具有为某一特殊目标客户服务的特点。兴化农商银行这5年的奋起路程,聚焦普惠客群,其实就是这一战略的最好注解。对于专一化战略的理解不能僵化,专一化不是不做其他业务,也不是一成不变,而是要将做小做散作为主业,去赢取长期主义的胜利。同时,要应时而变,动态调整,做好零售、对公、金融市场的结构调整。

高质量发展是一件难而正确的事情。兴化农商银行的做法是,要在质量上"高",就要在姿态上低,就要在网格上深,就要在管理上细,就要苦干、实干、巧干、一起干。要保证高质量，就要做到更可持续。要做到更可持续，归纳起来是用了"四个加法"：在盈利模式上，"做强主业＋做大副业"；在服务模式上，"人的温度＋科技速度"；在客户体验上，"忙时用＋随时用"；在能力支撑上，"整合外部资源＋激发内生动力"。

关于地方性银行的未来，许多人并不看好，甚至许多业界人士也抱有广泛的担忧。主要原因就是在众行下沉做普惠的背景下，无论是品牌、资金，还是专业、科技，地方性银行在诸多方面都处于劣势，几无胜算。兴化农商银行这个地理位置并不优越、"立根原在破岩中"的银行，通过这5年的精彩实践，做到了"任尔东西南北风"，或是对这种判断的有力反驳。反驳的结论是：地方性银行的未来好不好，关键在于现在的方式对不对、现在的做法实不实。而这，就是地方性银行高质量发展的核心要义。

第3节 乡村振兴的"金融三问"

在笔者撰写本书的过程中，或是读者在详读的过程中，会思考一个共同的问题：在服务乡村振兴的路上，兴化做对了什么？笔者试着将其提炼出来，回答大家比较关心的"乡村振兴需要什么样的金融""地方政府需要什么样的金融作为"和"地方性银行应该怎样服务乡村振兴"这三个问题，为地方性银行服务乡村振兴这个重大命题提供一个观察结论。

乡村振兴需要什么样的金融

乡村振兴战略的实施，首先要解决"钱从哪里来"的问题，这是一个基础。在这个基础上，我们接着要追问，乡村振兴需要什么样的金融。乡村振兴的出发点和落脚点是"三农"——农业、农村、农民。也就是说，需要什么样的金融,"三农"说了算。这是一个很根本的问题,也是一个很宏大的问题。

我国的金融机构并不少,但是真正能够为农服务的金融机构并不多。核心原因是我国的农业还是以小农经济为主。小农经济成本高、风险大、收益低,正如老百姓说的,"种在地上,收在天上""家有千万,四条腿的不算"。从商业性的角度来看,不确定性太大;从经济学的角度来看,不划算,机会成本太高。但是,正是这样,才越有金融需求,满足这种需求才更有价值。此外,乡村振兴中的金融服务,不是一个串联式的需求,而是一个并联式的需求,不是成熟一个项目,跟进一个金融供给,而是要同步多个项目,不仅是同步多个项目,还要同步项目培育与金融需求。因此,在乡村振兴中,更需要的,是具有情怀性和探索性的金融。

所谓情怀性,就是带着某种感情的心境去做事。如果凡事都是算计利益,不讲感情,是无法做好乡村振兴金融服务的。这一点非常重要。许多银行都在喊着支持乡村振兴,但在做的时候,都是商业的逻辑,不用说,这是走不远的,也是做不好的。为什么?因为乡村振兴是个商机,但需要参与其中一起培养,不是现成的。因此,乡村振兴需要的是"过日子"的金融,需要的是"爱人式"的金融,不是"情人式"的金融。

所谓探索性,就是在乡村振兴中有许多待解的难题,且没有现成的答案,这就需要去探索。是探索,就难免会错,就要有这种准备。不探索,不会犯错,但也绝对做不好。在这个过程中,各类权利抵押、土地政策"红线"等,都是需要脚踏实地地去逐个攻破的。老百姓说,"三年学个买卖人,一辈子学不会庄户人"。种庄稼如此,做乡村振兴金融服务也是这个道理。

兴化农商银行高质量服务乡村振兴,就是情怀性、探索性金融的鲜明例证。因为有情怀,所以敢突破,因为敢突破,所以敢探索,因为敢探索,所以有情怀。这是一个闭环的思维逻辑。而乡村振兴所需要的金融服务，就是这样带着乡土感情、放大价值概念的金融，就是这种敢于尝试、一起发展的金融，而不是凡事算计利益、过度强调风险的金融。

地方政府需要什么样的金融作为

乡村是我国行政治理体系中的一个领域。它有三大特点：第一是范围广，第二是差异性大，第三是最基层。由此，决定了在乡村振兴中，各地政府特别是距离乡村最近的政府要有更大的作为。这种"更大的作为"所包含的内容很多、涉及的面很广。我们从地方性银行的角度来看，需要地方政府做好两件事：穿透式认知和赋能式服务。

所谓穿透式认知，就是地方政府能够从底层逻辑看到地方性银行在乡村振兴中的全面价值，不仅仅是金融的价值，还要看到金融价值之外的价值。地方性银行的发展方式是局地的深耕细作，把"宝"全部押在这个地方，因此，一定是"过日子"的金融，而且是独立法人，自由裁量权比较大，纳税也在地方，实用性很强。这样的机构才是地方政府治理所需要的金融抓手，而不是其他。

所谓赋能式服务，就是要在穿透式认知的基础上，多给地方性银行一些机会，多做一些赋能。虽然地方政府面对的金融机构很多，但是，合作的多，融合的少。在乡村振兴中，靠合作解决不了根本问题，只有深度融合，才能在解决问题的同时长远走下去。因为从银行的角度看，信息对称是开展业务的根本逻辑，而融合是解决项目不成熟、信息不对称方面的最好方式。这一点，地方性银行最有优势。

兴化市委、市政府就是做到了穿透式认知，而且也做到了赋能式服务。对于18家银行之间竞争，"一碗水端平"，提供"四单服务"：点单式问需、派单式认领、接单式服务、晒单式跟进。但这并不影响对兴化农商银行的重点关注，特别是在乡村振兴金融服务当中的赋能。就好比一个家庭当中，每个孩子都有各自的特点，对某个孩子某个方面的天赋重点培养，其实并不影响公平，反而可能是对其他孩子更好的激励。

地方性银行应该怎样服务乡村振兴

本书选取兴化农商银行高质量服务乡村振兴的案例，为同业提供了一份实用的参考。但是，这既不是标准答案，也不是唯一答案。笔者所希望的，是通过这样一份有益参考，可以找出一些规律性的原理，能够在一定程度上帮助地方性银行走出困境和实现更好的发展，特别是更好地做好乡村振兴的金融服务。

兴化农商银行的经验表明，服务好乡村振兴是地方性银行生存的基础和发展的新动能。其主要的做法，是三大重点战略工程。这三者之间是一个倒三角的关系，也可以理解为乡村振兴版本的"一体两翼"。网格建设工程为体，重在向下扎根；党建引领和数字银行为翼，重在顶层赋能。其中，党建引领工程解决了方向把控、合力形成和资源整合的问题，网格建设工程解决了基础夯实、长板彰显和价值体现的问题，数字银行工程解决了效率提升、体验提升和能力提升的问题（见图8-3）。最终，这种倒三角的战略布局，保证了兴化农商银行正三角的行稳致远。

图8-3 兴化农商银行三大战略工程示意图

大普惠
地方性银行服务乡村振兴的兴化模式

在这三大重点战略工程的深处，是兴化农商银行的大普惠之道。大普惠是用"美好生活"这一普惠目的，代替了普惠金融的手段；大普惠是将"乡村振兴作为最大的普惠"，用"无我"代替了"小我"；大普惠是以愿景来整合更多资源，解决地方性银行自身资源少的问题；大普惠是先普惠后金融的模式，将支持乡村振兴和自身可持续发展有效结合；大普惠是通过数字普惠的方式，解决快效率与慢节奏的问题；大普惠是敢于挑战新问题，做出大作为，实现利他与利己的再平衡。概而言之，大普惠是对传统普惠金融的手段与目的、定位的大与小、资源的多与少、功能的先与后、能力的快与慢、普惠成果的利己与利他的再思考，是在做实传统普惠金融基础上的再升级。

乡村振兴是未来赶考路上的一道必答题，是实现中国式现代化必须补上的"短板"。对于地方性银行来说，服务乡村振兴，可能没有标准的答案，需要根据各地的实际和自身的情况去探索。兴化的大普惠模式为回答"地方性银行应该怎样服务乡村振兴"提供了一份答案，树立了一个可以看得见成果、可以预判未来的样板。

混沌大学的增长飞轮理论中讲到，战略支点是不变的，也就是使命，组织的核心能力是舍九取一，价值观是创新红利，十倍速一。只有找到长期不变的支点，发现十倍速变化的红利，聚焦核心能力，撬动十倍速单一指标，才能迅速发展。兴化农商银行这5年的发展历程，非常符合这一理论，将乡村振兴作为战略支点，履行新的使命；围绕做小做散来锻造核心能力，并做强配套"动作"；将大普惠作为价值观，以此引领高质量发展。秉持这样的新逻辑，兴化农商银行没有到来的是未来，可以看得见的未来是现在。

第 8 章　垛上花开正当时

"没有什么银行开挂，不过是厚积薄发"，这是本书写到此处笔者最大的感悟。兴化农商银行先后实施了党建引领、网格建设、数字银行三大战略工程，并由此凝练出了融合力、深耕力、应变力"三力"模型，在实现自身生存和发展的同时，也为同业贡献了一份跳出"农金周期率"的可行理论。

民族要复兴，乡村必振兴；乡村要振兴，农商必先行。通过兴化农商银行服务乡村振兴的精彩实践，至少可以给我们带来三点启示：地方党委政府要想做好乡村振兴的金融支撑，就要重点发挥地方性银行的作用；地方性银行要想生存下来和更好地发展，就要服务好乡村振兴；做好乡村振兴的金融工作，大普惠模式可以借鉴。如此，相信更多的地方会像兴化一样，年年垛上花开！

致　谢

感谢朱进元书记、吴万善理事长作序。这是对本书的认可，更是对兴化农商银行工作的肯定。感谢中国银保传媒、"中国农金30人论坛"、农商银行百人会和江苏省联社的大力支持与平台赋能，让本书呈现在更多人面前。

感谢曹文铭董事长、华飞行长，以及兴化农商银行的每一位领导班子成员，是你们的坚定信任和无私分享，让"兴化模式"可以惠及更多的人。感谢兴化农商银行各位部门总经理和支行行长，以及每一位员工的积极配合，你们是本书的实践者，也是真正的"幕后英雄"。

感谢为本书的出版提供各种支持的人们，你们的付出也是对金融服务乡村振兴做出了一份特殊的贡献。

如果本书中有什么不足或遗漏，那一定是因为笔者学习和领会不够。请读者在字里行间感受兴化农商银行服务乡村振兴"兴化模式"魅力的同时，原谅笔者写作中的差漏。如果觉得本书有价值，则要归功于江苏省联社和兴化农商银行及其每一名员工。

关于此书，若有任何意见建议，请联系笔者：duanzhilong6789@163.com。

段治龙

2023年3月